Deja de sentirte como una mierda

ANDREA OWEN

Deja de sentirte como una mierda

Consejos prácticos para evitar boicotear tu vida

Traducción de
Sheila Espinosa Arribas

Grijalbo

*Este libro está dedicado a todas las mujeres
que han decidido encender una llama en su vida*

Índice

Introducción

A principios de 2007 toqué fondo.

El hombre con el que estaba saliendo me había convencido para que dejara el trabajo y mi piso y me fuese a vivir con él. Mientras planeábamos la mudanza, descubrí que me había estado mintiendo desde el principio de nuestra relación; incluso se inventó una historia sobre que padecía un cáncer para ocultar su adicción a las drogas. Me había sacado varios miles de dólares y aquella misma semana me hice un test de embarazo que dio positivo. Al cabo de un mes, más o menos, cuando me quedé sin un centavo, me dejó. Me había timado.

Me sentí humillada, además de estar arruinada, sin trabajo, sin casa y, por si fuera poco, embarazada. Y además, hacía poco más de un año que mi exmarido me había dejado por otra mujer.

La pena que todo el mundo —familia, amigos y compañeros de profesión— sentía por mí me resultaba insoportable. Notaba su incomodidad cuando estaban conmigo, no sabían qué decirme ni qué hacer. Algunos incluso me evitaban, como si no quisieran acercarse demasiado por si se les contagiaba mi mala suerte. Odiaba mi vida y me odiaba a mí misma por haber aguantado todo lo que me había llevado hasta allí.

La soledad y la vergüenza me resultaban insoportables. Era como si toda la gente que conocía estuviera felizmente casada o teniendo hijos, y los que seguían solteros al menos no estaban hechos unos zorros como yo. Además de ser la mujer más tonta sobre la faz de la Tierra, sentía que había algo en mí que no funcionaba. Me preguntaba una y otra vez: «¿Cómo he podido caer tan bajo? ¿Cómo es posible que sea tan idiota? ¿Se puede saber qué me pasa?».

Si vuelvo la mirada atrás, ahora sé que llevaba años construyendo una vida en la que yo era lo que los demás esperaban de mí. Tenía el ánimo por los suelos y ni idea de cuál era mi valía como persona. El mundo me paralizaba. Me daba pánico que la gente se enterara de quién era yo en realidad. Me aterrorizaba la posibilidad de que supieran lo ignorante que era. No quería que descubrieran con qué desesperación dependía de los demás, la necesidad abrumadora de querer y ser querida. Había construido mi vida alrededor del perfeccionismo, del autosabotaje y de la necesidad de control, hábitos que creía que me mantendrían a salvo. Hasta que todo cambió.

En cuanto empecé a recuperarme, con paso lento pero seguro, descubrí que no era la única que había construido su vida a partir de aquellos mismos comportamientos. Cuando abrí mi consulta y empecé a tratar a otras mujeres que me recordaban a mí, me di cuenta de que eran muchas las que repetían los mismos comportamientos autodestructivos que yo. Y querían saber por qué se sentían tan mal.

De hecho, a medida que fue pasando el tiempo, me di cuenta de que había un patrón común y que era mucho más habitual de lo que parecía. Seguí hablando con mujeres con el corazón roto y el alma dolorida hasta que descubrí que todas repetían catorce hábitos nocivos que afectaban a sus pensamientos y a sus acciones, y empecé a ponerles nombre. En cuanto tuve los catorce comportamientos identificados, entendí que es la vida la que nos derriba, pero que son esos hábitos los que nos mantienen hundidas. Si estamos atentas, los identificamos a tiempo y los cortamos de raíz, podemos empoderarnos y encontrar el camino de vuelta hacia la fortaleza y la felicidad que nos merecemos.

Cuando me puse manos a la obra con mi propio trabajo de recuperación, y también cuando empecé a enseñar a otras mujeres, pensaba que había una forma correcta y otra incorrecta de vivir. Creía que si cedías y repetías los hábitos que aparecen en este libro, te estabas condenando a la infelicidad.

Prepárate, porque voy a decir algo que quizá te sorprenda. Todos los comportamientos que se describen en cada capítulo son perfectamente normales. Nadie que lea este libro pensará: «Qué va, yo no hago nada de todo esto». Y no pasa nada. De hecho, es hasta bueno. A veces, necesitarás de esos hábitos para protegerte. Los necesitamos para resguardarnos de esa agonía que es la vida. Es lo que hemos aprendido a hacer, y además funciona, al menos al principio. El problema viene cuando abusamos y lo que antes nos protegía se convierte en un lastre.

Algunos libros de autoayuda dicen que lo que compartes con el Universo es lo que recibes a cambio. Que tu energía y tu actitud dictan tus circunstancias y tu realidad. Yo antes también pensaba así, pero cuanto más busco, cuantas más historias escucho, más consciente soy de que a veces...

La vida simplemente es así.

La vida es dura. No porque nosotras lo hagamos mal,
sino porque la vida es dura.

GLENNON DOYLE MELTON

Las crisis ocurren sin más. La gente se equivoca; las relaciones se acaban; los niños montan pataletas; los adolescentes nos tienen en vela toda la noche, preocupados; los médicos nos comunican el diagnóstico que no queremos oír. No es que tú lo estés haciendo mal; no eres gafe ni nada por el estilo. Es que la vida a veces es así.

Pero incluso de ese modo no puedes evitar preguntarte si lo estás haciendo mal, porque tienes la sensación de que los demás lo tienen todo resuelto y tú no, y al final acabas sintiéndote sola y hecha un lío.

Cuando eso pasa, te compras libros de autoayuda y escuchas unos cuantos podcasts que te han recomendado en busca de la respuesta a tus problemas. En algún sitio tienen que estar los secretos, las explicaciones, ¿no? Haces una lista: meditación, yoga, batidos verdes, seguir a fulano en Instagram y leer todos los libros que existan sobre el tema.

Pero la verdad es que esa lista no te va a hacer feliz ni te devolverá la alegría.

Para encontrar la respuesta, la clave de la felicidad, hay que conectar los puntos que van desde el pasado hasta tu forma de actuar en el presente y revisar episodios que resultarán dolorosos. Se trata de enfrentarse a los obstáculos, trabajarlos y quererte a ti misma durante todo el proceso. Hay que aprender a aceptar las emociones y los sentimientos que surjan (aunque a veces no tengan sentido y te parezca que están mal) y repetir el proceso desde cero una y otra vez. Porque eso, amiga mía, sí que es libertad y paz.

Este libro pretende enseñarte a reconocer los hábitos dañinos, a cambiarlos por otros distintos y aprender a ejercitar los nuevos. A equivocarse y volver a intentarlo. A hacer borrón y cuenta nueva y repetir el proceso desde el principio. Este libro exige pasar a la acción. No quiero que nadie lo lea y piense «Mmm... pues sí que suena bien, sí». No. El objetivo es pensar «Mmm... pues sí que suena bien, aunque también suena un poco incómodo. Lo voy a intentar. Seguro que no me sale bien a la primera. Pero seguiré insistiendo porque no quiero seguir sintiendo que no valgo nada».

Cómo sacarle el máximo partido a este libro

Hace diez años, cuando empecé a ir a terapia después del divorcio, me senté en el despacho de mi terapeuta y le dije: «¿Cuánto tardaré en curarme? Porque estoy preparada y quiero empezar cuanto antes».

Es probable que lo dijera mirando el reloj, porque en el fondo esperaba que en cuestión de un par de horitas ya estuviera solucionado. Quería resultados y los quería cuanto antes.

Hoy en día, todo el mundo sabe que el desarrollo personal es un proceso largo, no un parche inmediato. Pero eso no quiere decir que no busquemos una respuesta rápida y directa. Queremos soluciones. Un proceso paso a paso que nos permita ir tachando puntos en una lista con el objetivo último de ser felices, recuperar la paz interior y pegar los pedacitos que queden de nuestro pobre corazón. Buscamos gurús y expertos a los que admirar y con los que poder conectar; al final, hacemos nuestra parte del trabajo y esperamos que el cielo se abra y nos ilumine con todo su esplendor empoderante.

Puede que el cielo se abra o puede que no. El camino que conlleva este trabajo es distinto para cada persona. Algunas cambian con rapidez y otras lo hacen poco a poco, con el tiempo. En cualquier caso, lo que yo quiero es mostrar el inmenso poder que se obtiene al entenderse a una misma. Por ejemplo, imagina que has organizado una fiesta en casa. A la mañana siguiente, te levantas muerta de sueño y bajas a la cocina porque sabes que tienes que recogerlo todo. Entras sin encender la luz. ¿Qué es lo primero que haces? ¿Empiezas a limpiar a oscuras? ¡No, enciendes la luz! Calculas el trabajo que te espera, todo lo que hay que tirar, limpiar y recoger.

Pues el crecimiento personal funciona igual. Primero hay que ver qué cosas tienes que cambiar en tu vida. Si empiezas haciendo inventario, enseguida sabrás qué herramientas te resultarán más útiles.

He escrito este libro para ayudar a las personas a acelerar el proceso del autoconocimiento. Cuando eres consiente de qué es lo que te estorba y te impide alcanzar la felicidad, puedes cambiar el rumbo de tus acciones. Quiero que te familiarices con todo aquello que te haga sentir mal y que sepas cuáles son tus puntos fuertes, igual que sabes qué pone en la lista de la compra, cómo te gusta el café o quién debería haber ganado *Supervivientes*. ¿Sabes cómo quieres que sea tu vida hasta el último día? ¿Sabes qué cosas te hacen perder los nervios y cómo detectarlas? Porque cuando lo sepas, serás mucho más consciente de tus tropiezos y podrás cambiar de rumbo sobre la marcha, y ese será el primer paso para tener una vida genial.

También he incluido una lista de recursos adicionales, meditaciones y ejercicios que se corresponden con cada uno de los hábitos que trataremos en cada capítulo. Hay más información en *www.yourkickasslife.com/HTSFLS-study*.

El objetivo es estar atenta a tus hábitos, que te des cuenta de por qué son un lastre e intentar hacer un giro de ciento ochenta grados en todo aquello que no sirva. Si lo consigues, habrás emprendido el camino hacia la felicidad más extraordinaria.

LAS CLAVES DEL ÉXITO

Cuando miro hacia atrás veo que hay algo crucial que aprendí al principio del viaje. A lo largo de esta última década, lo que ha resultado fundamental para lograr el éxito en todas las vertientes de mi vida —amistades, matrimonio, maternidad, carrera, cuerpo— no tiene nada que ver con ser más lista que los demás, con encontrar un secreto oculto o una herramienta mágica que lo arregla todo. La clave es la constancia y el compromiso con el trabajo, y eso es algo que dura para toda la vida. No se trata de apuntarse a un taller o de leer un libro concreto, ni tampoco de ponerse manos a la obra solo cuando tu vida ya se ha ido al garete. Es una práctica constante que consiste en fracasar y empezar de cero las veces que haga falta. En conseguir pequeñas y grandes victorias. En tener epifanías sobre cosas que ni siquiera sabías que eran un problema.

La clave es la constancia
y el compromiso con el trabajo.

Da igual lo que te haya pasado o cuáles sean tus circunstancias ahora o dentro de un año; la posibilidad de conseguir eso que consideras una vida genial, plena y llena de éxitos depende de tu habilidad para comprometerte con el trabajo interior y con la capacidad para ser constante. A quien piense que no tiene tiempo para comprometerse, le diré para lo que sí lo tiene de sobra: para sentirse fatal, como si no valiera nada. Claro que tienes tiempo. Solo hay que aprender a priorizar lo importante. Todo lo que acabo de decir no sirve para nada a menos que estés dispuesta a analizar tu vida en profundidad para luego actuar en consecuencia. Al final de cada capítulo hay una lista de preguntas. Porque no basta con asentir y pensar «Sí, yo también hago eso» o «Yo también me siento así» y luego seguir como si nada. Las preguntas te ayudarán a revisar tu vida y a pensar de una forma creativa (escribiendo). Con una hoja de papel, las preguntas pueden responderse en soledad, con una amiga o incluso en grupo. Tú eliges.

PRESTAR ATENCIÓN

Además de la constancia y del compromiso, hay algo más que vale la pena destacar y que te ayudará a sacarle todo el partido a este libro. Me refiero a prestar atención. Leerás sobre muchos hábitos y actitudes que te resultarán familiares. Lo que quiero que quede claro al acabar de leer el libro es qué aspecto tiene cada hábito para ti (si es que tienes ese hábito) y qué herramientas te pueden ayudar a modificarlo. El cambio de verdad se produce cuando aprendes a reconocerlos en el día a día.

Se trata de hacer una pausa justo cuando acabas de decir que sí a algo que no te apetece y, a los diez segundos, pensar: «Vaya, eso que acabo de hacer es para complacer a los demás». O cuando estás triste porque acabas de dejar a tu hijo en su primer día de colegio, llegas a casa con ganas de llorar y te pones a limpiar como una loca. Entonces hay que detenerse un segundo y pensar: «Ups. Estoy intentando hacerme la fuerte y negar mis emociones». Eso, querida mía, es una victoria. A partir de ahí, no se trata de que te fustigues por querer contentar a los demás o por negar tus emociones, sino de reconocer el hábito y/o la creencia y poner en práctica las nuevas herramientas.

En eso consiste prestar atención.

Sin embargo, a veces demasiada atención también puede ser contraproducente. Lo llamaremos «pensar demasiado», aunque es bastante más complicado que eso. Muchas mujeres son propensas a diseccionar sus comportamientos en exceso con el objetivo de etiquetar absolutamente todo lo que hacen. ¿Eso es bueno? Tomar conciencia de las cosas es positivo, ¿no? Pero obsesionarse es malo, ¿verdad? ¿Cómo sabemos cuándo analizar y cuándo desconectar? ¿Y si no somos capaces de desconectar? ¿Qué pasa cuando el autoanálisis es constante?

La necesidad de analizarlo todo se conoce como «sobreidentificación». Es la tendencia a examinar lo que hacemos en exceso, algo muy común entre las mujeres inteligentes y triunfadoras.

Debo felicitar por su entrega a quienes tienden a examinarlo todo y decirles que son perfectamente normales, pero que no se trata de compartimentar tu estado emocional y mental al completo. Hay que intentar estar atenta, pero sin pasarte. Averiguar cuáles son tus puntos débiles y dónde tienes margen de mejora, sorprenderte cada vez que repitas uno de esos comportamientos, implementar nuevas estrategias a medida que las vayas aprendiendo y no intentar correr demasiado. ¡Y no olvidar tratarte bien durante todo el proceso!

RECONOCER LA VERGÜENZA

En el verano de 2014 fui a San Antonio, Texas, a formarme en *The Daring Way*™, el método basado en las investigaciones de la doctora Brené Brown. El trabajo que realicé allí me afectó mucho, tanto a nivel personal como profesional. Me alegro de que por fin la vergüenza ocupe un lugar importante en el campo del desarrollo personal, y siempre le estaré agradecida a Brené por su trabajo. A lo largo del libro hablaré sobre algunas herramientas y conceptos que surgen a partir de su investigación.

Parece que últimamente la vergüenza se ha convertido en el concepto de moda, y eso es bueno. La gente habla más sobre todo aquello que le impide alcanzar la felicidad. Pero muchas mujeres insisten en que no son conscientes de estar sintiendo vergüenza, cuando es evidente que sí la sienten. Es como si no fueran capaces de identificar ese sentimiento en sí mismas. Y lo entiendo. Cuando pensamos en la vergüenza, nos imaginamos a alguien haciendo algo inconcebible que acaba haciéndose público. Una mujer a la que han pillado robando en la iglesia y toda la congregación lo sabe. Un hombre que tiene una aventura con su psiquiatra y que es la comidilla del pueblo. A veces la vergüenza también puede ser ajena: una madre, alcohólica empedernida, que se presenta borracha en la función del colegio; o una hija que acaba en la cárcel por robar en una tienda.

Si algo he aprendido desde que me dedico a esto es que la vergüenza no solo es mucho más común de lo que creemos, sino que también se da en círculos privados, y muy a menudo. Quienes creían vivir sin vergüenza, siento deciros que aquí no se libra nadie. Y si no nos enfrentamos a ella, si no somos sinceras con nosotras mismas, la identificamos y la procesamos, si no aprendemos a vivir con ella, entonces acabará dominándonos. Pretendemos huir de una emoción que ni siquiera sabemos que sentimos.

Brené Brown describe la vergüenza como «la dolorosa sensación o experiencia de creer que somos imperfectos y que, por lo tanto, no merecemos encajar ni ser amados; algo que hemos hecho, que nos ha ocurrido, o en lo que hemos fracasado, nos hace indignos de esa conexión».

Es una definición fantástica y muy útil, porque muchas ni siquiera somos conscientes de que nos consideramos «indignas de esa conexión». Voy a explicar cómo funciona la vergüenza, cómo se manifiesta en la vida adulta y qué relación tiene con los hábitos de los que vamos a hablar.

Empezaré con un ejemplo que recuerdo de mis años de secundaria y que guarda relación con la humillación pública.

Fue en octavo, el día de la graduación. Yo llevaba un vestido precioso y un jersey que me había prestado mi madre, muy bonito, con unas hombreras enormes, pero estamos hablando de 1989, así que el jersey era perfecto. Mis padres y yo salíamos del aparcamiento cuando dos de las chicas más populares del colegio me reconocieron. Una me señaló con el dedo y le dijo a la otra: «Madre mía, pero ¿qué lleva esa?». Y se echaron a reír como dos histéricas. Aquella misma mañana me había visto guapa y segura de mí misma, y ahora me sentía horrible y ridícula.

Era vergüenza.

Esta situación en apariencia sin importancia es más común de lo que creemos; todos hemos experimentado algún tipo de vergüenza o de humillación pública. Quien haya ido al instituto tendrá una historia (o diez) parecida a la mía. En la infancia y adolescencia, el origen de la vergüenza está en la propia familia, los amigos o el instituto; cuando somos adultos, en la pareja, el trabajo, los amigos y la familia.

Otro ejemplo más reciente que afecta a una identidad que nuestra cultura considera inaceptable y que suele acabar provocando un sentimiento de vergüenza. Hace unos años nos mudamos a otro estado y tuvimos que cambiar a los niños de colegio. Antes de empezar las clases, me reuní con la directora del nuevo centro, que además era la futura profesora de mi hijo, y con la coordinadora de educación especial. Mi hijo padece un trastorno del espectro autista y el psicólogo que lo trataba ya había enviado sus informes.

Comenzó la reunión y la coordinadora de educación especial empezó a leer el historial de mi hijo en voz alta sin darle la menor importancia. «Colton vive con su madre, su padre y su hermana. Su madre tiene antecedentes de alcoholismo...» A partir de ahí no tengo ni idea de lo que dijo, porque lo único que oía era el latido desbocado de mi corazón. Me sudaban las manos y notaba un extraño cosquilleo en las axilas.

Nos acabábamos de mudar a una ciudad nueva y no conocía a nadie. Hacía apenas unos minutos estaba charlando animadamente con aquellas mujeres y pensando que quizá podríamos ser amigas. Cuando la coordinadora leyó en voz alta lo de mis antecedentes de alcoholismo pensé: «¿Debería interrumpir para decirle que hace años que me mantengo sobria? Cuando se acabe la reunión, ¿hablarán de mí a mis espaldas? ¿Me estarán juzgando ahora mismo?». Sentí la necesidad imperiosa de salir corriendo de allí, de defenderme y ponerme a llorar, todo al mismo tiempo.

Si algo tienen en común todas las historias de humillaciones es que el sujeto que las explica siempre se siente mal. Pero que muy mal, en serio. No hay ninguna otra emoción que se le parezca. En palabras de Brené Brown, «la vergüenza es una emoción de contacto total». Es una sensación tan universalmente odiada que, cuando la experimentamos por primera vez, no queremos volver a saber de ella. Nunca más. No lo pensamos de manera consciente, pero por dentro queremos que desaparezca.

La anécdota de la graduación ocurrió hace más de veinticinco años y aún recuerdo la sensación como si fuera ayer. Los detalles siguen frescos; tampoco he olvidado el nombre de las chicas que se rieron de mí. Los sentimientos que experimenté a partir de aquel incidente sin importancia se enquistaron en mi interior y empezaron a dar forma quizá no a mi identidad como persona, pero sí a mi forma de comportarme.

Por eso es tan importante que aprendamos a identificar la vergüenza antes de ponernos a trabajar con la lista de los catorce hábitos que trataremos a lo largo del libro. Todas tenemos alguna anécdota, algún episodio de instituto; por eso intentamos evitar la vergüenza a toda costa. Vamos por la vida esquivándola, tanto si somos conscientes como si no, y ese impulso se convierte en la fuerza que alimenta nuestras peores costumbres. El perfeccionismo, la necesidad de contentar a los demás, la culpa, el autosabotaje, la insensibilización, el aislamiento, la evasión, el control y todos los hábitos sobre los que vamos a trabajar a lo largo del libro tienen un origen común. Si los reproducimos con frecuencia, uno en concreto o todos a la vez, ¿quién va conduciendo el autobús que está a punto de despeñarse? Exacto, LA VERGÜENZA. Si no aprendemos a manejarla se hará con el control y nos obligará a reproducir alguno de los catorce comportamientos. Y si crees que esto no va contigo o, al revés, si vives sepultada bajo una montaña de vergüenza, es bastante probable que te sientas en un estado de fuga perpetua.

Al leer sobre cada uno de los hábitos recuerda que es probable que los estés usando a modo de escudo. Son tu mecanismo de protección, la forma de evitar la vergüenza, así que agradéceles tantos años de servicio y prepárate para decirles adiós.

Porque cuando caemos en las garras del perfeccionismo, en la necesidad de contentar a los demás y en cualquiera de los catorce hábitos, no estamos creando una solución a nuestro problema. En el mejor de los casos, estaremos poniendo un parche temporal sobre una herida que necesita más atención. Y esa atención se materializa en tres puntos:

1. Concienciación extrema sobre los comportamientos que reproduces y que no se ajustan a quien tú quieres ser. No quieres ir de aquí para allá como un pollo sin cabeza intentando agradar a todo el mundo. Deseas conectar con la gente y no tener que esconderte cada vez que se tuerce algo. Quieres dar lo mejor de ti misma

sin morir aplastada bajo el peso del perfeccionismo. Cuando seas consciente de que reproduces todos esos comportamientos, podrás dar pasos para corregirlos.
2. Conocimiento de tus valores. Todo el mundo sabe cómo le gusta el café. Pues lo mismo con los valores (capítulo 15). ¿Qué es más importante para ti? ¿Puedes enumerar las cosas que están presentes en tu día a día? ¿Qué significa respetar esas prioridades?
3. Práctica. No siempre saldrá todo bien; al principio, casi nunca. Cambiar un comportamiento no es tarea fácil: unas veces lo harás fatal, otras un poco mejor, y de vez en cuando hasta estarás orgullosa de ti misma. Al final, cuanto más practiques, más fácil te resultará desarrollar hábitos nuevos que te abran las puertas de la felicidad. De una felicidad definitiva.

MUÉSTRATE

En algunos capítulos he incluido la expresión «mostrarse». Parece evidente, ¿no? Lo explicaré mejor...

Mostrarse es estar dispuesta a enfrentarse a algo que te resulta incómodo cuando, en realidad, preferirías retroceder al grito de «¡No!». Cuando te muestras tal y como eres, te estás dando permiso para estar asustada, incómoda, fuera de tu elemento. ¡Pero sin perder la motivación! Te pones manos a la obra, haces tu trabajo y te sientes valiente, todo al mismo tiempo.

Eso es lo que significa mostrarse.

En la vida diaria, cuando te enfrentas a una situación difícil o incómoda —pensamiento negativo, hijos complicados, una conversación con un compañero de trabajo especialmente irascible que no te apetece en absoluto pero que sabes que es necesaria—, tienes dos opciones:

1. No hacer nada, tener miedo y sentirte fatal porque sabes que todo seguirá igual.
2. Aceptar que te sientes incómoda, pero ser valiente, pasar un poco de miedo y, a cambio, ver un cambio real.

Estas son las dos opciones que incluyen el miedo. Porque no podemos ir por la vida siendo valientes y viviendo vidas de ensueño sin que el miedo forme parte de la ecuación.

Mostrándote y cumpliendo tu parte del trabajo dejas claro que estás harta de ser cruel contigo misma, de repetir hábitos que te hacen sentir mal, que estás preparada para cambiar. Te felicito por todo ello.

Y sí, habrá momentos en los que te sientas tan rara e incómoda que quieras huir de tus propios sentimientos, de tu propio conocimiento. No pasa nada. Por supuesto que te sientes incómoda. Llevas décadas actuando de la misma manera; vas a necesitar mucho más de un par de minutos para sentirte a gusto aplicando comportamientos nuevos pero mucho más sanos. No conozco a nadie a quien le apetezca afrontar conversaciones difíciles o marcar límites. «Me muero de ganas de charlar con mi madre y preguntarle por qué ya no puedo hablar de política en casa.» ¡Pero cada vez será más fácil! El miedo desaparecerá y su lugar será ocupado por una confianza y una energía que nunca antes habías experimentado.

Así pues, a todas las mujeres del mundo que tienen el corazón roto, a las que se sienten incómodas, a las que tienen miedo: bienvenidas. Os hemos guardado un sitio. Todas somos exactamente iguales; os queremos tal y como sois y, aun así, nos parece perfecto que queráis cambiar a mejor. De una cosa estoy segura: cuando una mujer toma la decisión de cambiar su vida, cuando se centra en sí misma y en lo que quiere, es imparable. Y esa mujer, querida lectora, eres tú.

No sabes cómo me emociona que estés dispuesta a comprometerte y a aprender más sobre ti misma. Porque en cuanto te pongas manos a la obra, empezarás a usar unas nuevas herramientas que te ayudarán a sentirte mejor y te transformarás en una persona nueva.

Y cuando te conviertas en esa persona, que será mucho más amable consigo misma, serás a tu vez una inspiración para todas las demás. El efecto dominó puede mover montañas, y las mujeres tenemos el poder no solo de cambiar nosotras, sino de cambiar el mundo entero.

Así pues, remángate, recógete el pelo y pongámonos manos a la obra.

1

Cuando eres cruel contigo misma:
Aprender a controlar la voz crítica

«Tienes mala cara. Cualquiera diría que te ha atropellado un camión.»

«Qué ilusa. ¿De verdad creías que te iban a dar el ascenso?»

«¿Un biquini? Sí, claro. Será en otra vida, porque lo que es en esta...»

¿Alguna vez has tenido una relación con alguien que abusara verbalmente de ti? ¿Que te criticara siempre, que nunca te creyera lo bastante buena y que te hiciera sentir mal? ¿Una relación en la que dudaras de ti misma y te creyeras todas las maldades que el otro dice sobre ti a tus espaldas o en tu propia cara? O quizá no has tenido ninguna relación de este tipo pero conoces a alguien que sí. Presenciarlo puede ser igual de doloroso.

Ay, no sabes cuánto me gustaría estar hablando de otra persona. Pero lo cierto es que me refiero a ti y a la forma en que te diriges a ti misma.

Aunque nunca te hayan hablado así, seguro que ese es el tono que utilizas a veces (o siempre) para hablar contigo misma. Tu diálogo interior es cualquier cosa menos cariñoso. Por ejemplo, ¿qué tono utilizas cuando sales de la ducha y te ves reflejada en el espejo? ¿O cuando metes la pata? ¿O cuando le dan un ascenso a otra persona en lugar de a ti? ¿O cuando te comparas con otras mujeres?

En todas esas situaciones, ¿tu diálogo interior es agradable? ¿Compasivo? ¿Como una manta mullida y calentita recién salida de la secadora?

Lo dudo.

Empiezo por este capítulo porque la voz interior, o «voz crítica», es muy común entre las mujeres y la principal responsable de que nos sintamos tan mal.

Esta es Valerie, treinta y un años y peluquera:

> Ahora que se acerca mi treinta y dos cumpleaños, no paro de decirme que estoy gorda y que por eso sigo soltera. Me paso el día criticando todo lo que como y poniendo en duda mis decisiones.
>
> Mis amigas se han ido casando y teniendo hijos, y yo no puedo evitar compararme con ellas y sentir que no estoy a su mismo nivel. Si estuviera más delgada, si fuera más extrovertida, más «lo que sea», a estas alturas seguro que ya tendría pareja.
>
> Parte de mi trabajo consiste en tener buen aspecto y la gente suele decirme que estoy guapa, pero yo nunca me lo creo. Siempre pienso que solo intentan ser amables conmigo.

La historia de Valerie es muy habitual: se compara con los demás (sobre esto hablaremos en el capítulo 4) y cree que su felicidad depende de algo externo que debe alcanzar.

A veces, la voz crítica puede ser muy dura, como en el caso de Suzanne:

Me paso la vida cuidando a los demás y sin preocuparme lo más mínimo de mí misma. Nunca me siento importante. Me hablo en un tono que jamás utilizaría con otro ser humano. La autocompasión y la autoestima son conceptos inexistentes para mí. Si meto la pata de la forma que sea (como cualquier ser humano), nunca es un simple error. Me digo que soy patética, estúpida, gorda y fea, un fracaso absoluto como persona, mujer, esposa, amiga, hermana... Soy un desastre en cualquier cosa que se te ocurra. Me regodeo en mi desgracia y me tomo mis propias palabras como si fueran una verdad absoluta. Mi cerebro sabe que no lo son, pero da igual. La vergüenza que me producen esos sentimientos, y los métodos autodestructivos que utilizo para enterrarla, es algo que no le deseo a nadie. Es un pozo del que no sé salir, ni siquiera con la ayuda de mi terapeuta.

La voz crítica no siempre es como un monólogo interior o una articulación de pensamientos. Algunas mujeres se refieren a ella como el sentimiento general de «no ser suficiente». La desagradable sospecha de que los demás lo tienen todo bajo control, cuando no es verdad. Una especie de murmullo que repite «no eres como los demás» una y otra vez.

Quien no se haya sentido identificada con los monólogos interiores, quizá sea más así: cuando te planteas la posibilidad de ir tras algo importante, en el acto asumes que no acabará bien y desistes. Lo más seguro es que te compares con otras mujeres sin utilizar palabras ni detalles específicos. Es como si el consejo de administración que dirige tu vida, y al que tú no has nombrado, se reuniera para valorar tu valía como ser humano y tú te creyeras sus cálculos comparándolos con los de los demás.

¿CUÁL ES EL ORIGEN?

¿De dónde viene esta voz interior? ¿De las profundidades del infierno?

Pues sí, procede de un pueblucho de mala muerte en el quinto pino cuyo alcalde resulta que es un inepto.

Estoy bromeando. Pero debes seguir leyendo para descubrir cuáles son los principales elementos que provocan la aparición de la autocrítica.

La familia

La primera fuente de la que surge la voz crítica suele ser la propia familia. Algunas volveréis la vista atrás y os encontraréis con un cementerio repleto de experiencias dolorosas, y otras quizá no hayáis conocido esa clase de dolor que es capaz de tumbarte, pero sí habéis vivido situaciones más sutiles.

Soy madre, lo entiendo. Queremos que nuestros hijos encajen. Que alcancen metas. Que se sientan seguros de sí mismos. Queremos evitarles el dolor que supone crecer. ¿Cierto? No nos levantamos todas las mañanas pensando: «¿Qué puedo hacer hoy para que mi hija piense que no vale un duro?».

No, la triste verdad es que todo lo hacemos con la mejor de las intenciones. Lo que pasa es que nos esforzamos tanto en «ayudarles» a encajar y evitarles problemas que, a veces, sin darnos cuenta, lo que conseguimos es que se sientan inferiores. Veamos la historia de Heather, por ejemplo:

> Mi voz crítica aparece en todo aquello que tenga que ver con la imagen física y la apariencia. Siempre he tenido pro-

blemas, desde que era pequeña. Crecí en una familia en la que se hacía mucho énfasis en el físico. Recuerdo que con siete años ya odiaba mi cuerpo. Mi madre (no la culpo; la pobre hacía lo que podía) quería vestirme, cortarme el pelo, hacerme la permanente (sí, eran los ochenta), y yo la dejaba hacer, siempre en contra de mis deseos. Recuerdo ser muy consciente de mi aspecto y muy dura conmigo misma. Cuando llegué a la adolescencia empecé a ser muy crítica, y si vuelvo la mirada atrás, me doy cuenta de que mi valía como persona dependía por completo de mi aspecto. Me alimentaba de la atención de todo aquel que me encontrara atractiva, sobre todo los chicos. Si quería merecer el amor de los demás, tenía que conseguir que me vieran guapa. Era una especie de meritocracia muy adictiva.

A mis cuarenta años, sigue siendo un problema. Por eso, cuando mi voz crítica hace acto de presencia, es el miedo el que me dice: «Más te vale perder cinco kilos y quitarte esas arrugas, o nunca estarás a la altura». Sé que mi físico no define quién soy, pero tengo tan arraigados estos sentimientos y estos miedos que me lo tengo que recordar a diario si quiero cambiar mi forma de pensar y de actuar.

Quiero destacar la última frase de Heather, cuando dice que sabe que su apariencia no define quién es, pero que aun así tiene que trabajar a diario para no acabar creyéndoselo.

Atención todo el mundo. La voz crítica tiene unas raíces muy profundas. Por eso repito una y otra vez (y otra, y otra más si es necesario) que este trabajo es un esfuerzo constante y diario, y no un aquí te pillo, aquí te mato. Se necesita mucha práctica para conseguir revertir algo así.

Además del drama familiar, o puede que en su lugar, es

36   DEJA DE SENTIRTE COMO UNA MIERDA

posible que la voz crítica hunda sus raíces en una relación pasada (o incluso presente). Como ya he dicho al principio del capítulo, las relaciones verbalmente abusivas pueden seguir afectándote mucho tiempo después de haber terminado. Quizá tu pareja no era ofensiva de un modo grosero, pero hacía comentarios sarcásticos sobre tu físico, inteligencia o cualquier otra cosa. Es posible que no fueran más que bromas o comentarios jocosos, pero al final han acabado incrustándose en tu sistema de creencias.

La cultura

El segundo lugar en el que se origina la voz crítica puede ser la cultura. Es uno de esos temas tan evidentes que no sabría ni por dónde empezar, pero al mismo tiempo es tan poderoso que resulta imposible ignorarlo.

Vivimos en una cultura que se aprovecha de que las mujeres no se sienten lo bastante buenas, guapas, delgadas y un largo etcétera. Las grandes empresas ganan mucho dinero a su costa. Incluso ayuda al buen funcionamiento de la economía. Algunos añadirán que ciertas religiones prefieren que las mujeres se sientan pequeñas e insignificantes para tenerlas controladas.

A veces es una cuestión de clase social. Cuando tenía veintipocos años salí con un chico que había crecido en un pueblo acomodado cerca del mío. Era donde vivían los «niños ricos». Se había graduado por la Universidad de California, en Berkeley, y se estaba sacando un máster en Dirección y Administración de Empresas. Un día salió el tema del trabajo y de lo que queríamos hacer en el futuro, y yo mencioné mi grado técnico en marketing de moda. Él se rio y dijo: «Ah, pero ¿eso existe?».

En cuanto vio mi cara de horror, rectificó y me pidió disculpas, pero el mensaje era claro: yo no era lo bastante buena para él o bastante buena, a secas. Aunque no lo hubiera dicho en serio (que sí; el tío no era lo que se dice un galán), en una cultura que valora cosas como de dónde eres o a qué universidad has ido, este tipo de comentarios tienen mucho peso, generan creencias sobre nosotros mismos y son difíciles de corregir.

Cosas como el aspecto físico son capaces de crear detonantes que activan la voz crítica. Lo mismo ocurre con la clase social y el estatus. Igual de importantes, aunque no se habla tanto de ellos, son el origen étnico y la sexualidad. Una de mis colegas, Andréa Ranae Johnson, dice: «Por mi experiencia, siendo negra y mujer, parte del autodiscurso negativo que he adoptado es que soy peligrosa, que enfadarse no está bien y que debería tenerlo controlado porque eso es lo que los demás han proyectado sobre mí desde pequeña».

¿POR QUÉ ES IMPORTANTE TU MANERA DE HABLAR CONTIGO MISMA?

Es probable que el discurso negativo se haya convertido en algo natural para ti. Habrá quien piense: «¿Y qué? Si soy agradable con los demás, ¿acaso importa que lo sea conmigo misma?».

En una palabra: sí. La razón evidente (o puede que no tanto) es que cuando no muestras compasión contigo misma, cuando regañarte y hablarte mal se convierte en una costumbre, te sientes fatal.

Puede que no vayas por ahí con la cabeza gacha y el rabo entre las piernas, pero si te machacas de forma regular acabará afectando a tu felicidad, a tu confianza en ti misma y a tu autoestima. Además, se contagiará a otras áreas de la vida y te empujará a buscar la perfección, a controlar, a querer pasar desapercibida y muchos otros hábitos sobre los que hablaré más adelante.

Y si tienes hijos, pareja o amigos (como todos, vamos), la autocompasión es una herramienta imprescindible para que las relaciones sean buenas. Mi humilde opinión es que la autocompasión es capaz de mover montañas. Si la practicara más gente, el mundo entero cambiaría.

Cómo solucionarlo

Ahora que ya sabes qué aspecto tiene el automaltrato, cuál es su origen y qué consecuencias tiene, me centraré en cómo dejar de comportarte como una mala amiga contigo misma, ¿te parece?

En pocas palabras, este es el proceso que te ayudará a practicar la bondad y la autocompasión y a evitar que la voz crítica tenga poder sobre tus decisiones. Más adelante trataré cada punto por separado.

- Ser consciente del autodiscurso negativo. (Obvio, lo sé; ten un poco de paciencia.)
- Conocer qué es lo que lo provoca.

- Comprometerte con el proceso, no abandonarlo en ningún momento y practicar con las herramientas que proporcionaré.

La solución empieza por el reconocimiento. Saber reconocer cuándo la voz interior se comporta como una mala persona. No solo oírlo, también verlo. Concienciarse ya supone la mitad de la batalla. Si no sabes lo que hay ni cuándo ocurre, seguirás escuchando y creyéndotelo todo a pies juntillas. Cuando seas capaz de detectar las tonterías nada más oírlas, podrás echarlas por donde corresponde y luego tirar de la cadena.

Reconocerlo para cambiarlo

Muchas mujeres me dicen que no son conscientes del discurso negativo hasta que ya es demasiado tarde. Llevan tanto tiempo escuchándolo que están acostumbradas y lo han convertido en su verdad absoluta.

Siempre digo que la parte más dura de este trabajo consiste en entender qué es lo que está pasando exactamente antes de familiarizarse con las herramientas necesarias para cambiarlo. ¿Por qué? Pues porque, ¡sorpresa!, no nos gusta sentir.

Y digo «nos» porque si existiese un club llamado «Limitémonos A Pensar Y Hagamos Las Cosas A Nuestra Manera En Esto Del Desarrollo Personal», yo sería la presidenta. Pero con el tiempo he aprendido que hay que pensar, hacer y sentir durante todo el proceso que nos llevará a construir una vida de felicidad, y la autocompasión no es una excepción.

La forma más sencilla es hacer un inventario de todo lo que te dice la voz crítica. Este es un ejercicio a modo de guía.

Coge una hoja de papel y haz una lista con las distintas áreas de tu vida:

- Relación de pareja
- Amistades
- Cuerpo/apariencia
- Trabajo/carrera
- Maternidad
- El pasado
- El futuro

Con cada elemento de la lista, pregúntate lo siguiente: ¿qué dice exactamente mi voz crítica al respecto?

Identifica qué puntos tienen un mayor impacto sobre tu vida. Sí, todos en mayor o menor medida, pero ¿hay alguno que afecte directamente a tu felicidad y bienestar?

Puede que haya áreas en las que la voz crítica no tenga mucho que decir. Es posible que el trabajo esté a salvo o que la relación de pareja esté pasando por un momento muy bueno. En ningún caso es una invitación a inventar cosas. Si no es aplicable, pasa al siguiente.

Con los demás puntos hay que ser abierta y sincera con cualquier mensaje que pueda minar tu autoestima.

No pretendo torturar a nadie ni obligarle a purgar todas las cosas malas que dice la voz interior, pero lo hago porque no se puede limpiar algo hasta que no se sabe dónde está sucio. Cuando seas consciente de la existencia de la voz crítica, ya habrás recorrido la mitad del camino y estarás más cerca de controlarla y de mostrar más compasión contigo misma; por eso quiero que tu voz interior y tú os conozcáis muy, muy bien. Que os hagáis íntimas.

No hay que olvidar que la lista de antes se refiere al presente y que puede cambiar de una semana para otra. Si empiezas una nueva relación o cambias de objetivos vitales, la voz crítica tendrá una bolsa nueva llenita de tomates podridos esperando ser lanzados contra tu cabeza. No es mala idea actualizar la lista de forma regular, eso ayudará a automatizar el proceso de toma de conciencia: en cuanto oigas la voz crítica, sabrás qué está pasando y no te quedarás pasmada y dándole vueltas.

Un comentario sobre las comparaciones odiosas

Ahora que sabes que es posible acallar la voz crítica y estás aprendiendo a usar las herramientas que te servirán para controlarla, quizá pienses que sería interesante utilizarla como elemento motivador. Si sigues tratándote tan bien y negándote a flagelarte, acabarás convirtiéndote en una holgazana. Necesitas la presión de esa voz interior para seguir triunfando en la vida, ¿verdad?

Podría ser algo así:

> Ostras, Janice ha perdido trece kilos en estos últimos meses. ¡Qué fuerte! Si ella ha podido, seguro que yo también puedo.

> Soy imbécil, la he cagado en un proyecto. A partir del mes que viene entraré la primera por la mañana y me quedaré hasta tarde todos los días. Así seguro que lo hago mejor la próxima vez. Les voy a demostrar lo buena que soy.

A mi marido le encantan los culos y la verdad es que el mío ha conocido épocas mejores. Tendrás que hacer más sentadillas, señorita Culo Carpeta.

La voz crítica te compara con las demás, te dice que puedes hacerlo mejor, presiona para que reacciones basándote en tus errores y usando cualquier «defecto» para hacer de ti una mejor persona.

(Está claro por dónde voy, ¿verdad?)

A ver, señoras, seamos sinceras. Lo que está haciendo la voz crítica es comportarse como una muy mala persona. ¿De verdad te sientes mejor? A menos que seas masoquista, lo dudo. Lo que funciona de verdad es el amor, el cariño y la compasión. Todo ello contigo como objetivo.

Lo que funciona de verdad es el amor, el cariño
y la compasión. Todo ello contigo como objetivo.

Machacarte puede que cambie tu comportamiento en ese momento puntual, pero lo cierto es que solo es un cambio a corto plazo, que acabarás como siempre, sintiéndote fatal y minando tu confianza en ti misma.

Es importante entender esto, porque la voz crítica es mucho más que un conjunto de pensamientos correteando por tu cabeza. Es la voz que te envía mensajes a partir de creencias básicas sobre ti misma. En esos momentos, cuando criticas tu cuerpo sin piedad frente al espejo, te peleas por millonésima vez con tu pareja y acabas pensando que la culpa es tuya, o metes la pata en el trabajo, debes preguntarte qué piensas en realidad de ti misma.

Seguramente la respuesta será algo así:

No estoy tan delgada ni soy tan guapa como debería.
Nunca tendré una relación sana porque soy una persona difícil de querer.
Todo el mundo tiene las cosas claras menos yo.
Soy un fraude como persona y pronto lo sabrá todo el mundo.

Es como si nuestra voz crítica creyera que su trabajo consiste en recordarte todas esas creencias de forma regular y, aquí viene la sorpresa, buscar y aportar «pruebas» que demuestren que esas creencias son ciertas.

¿Ves? Estos pantalones me quedan estrechos. Estoy enorme.
¿Ves? Ya nos hemos vuelto a pelear. Al final me quedaré sola.
¿Ves? Ya he vuelto a cagarla en el trabajo. *Fracasaaada*.

Por el amor de Dios, no tiene por qué ser así. Nadie se fustiga de forma sistemática hasta conseguir la felicidad, el éxito, una buena salud o una vida de ensueño. La solución implica compasión, bondad y trabajo lento pero constante hasta conseguir cambiar los pensamientos y las creencias. Las veces que haga falta.

Nadie se fustiga de forma sistemática hasta conseguir la felicidad, el éxito, una buena salud o una vida de ensueño.

O también puedes creerte todo lo que dice la voz crítica y sentirte como si no valieras nada. Tú decides.

Averiguar qué es lo que te hace saltar

Algunos disparadores serán evidentes. Por ejemplo, sabes que las críticas de tu suegra sobre las decisiones que tomas como madre te hunden y te ponen de los nervios. O que seguir a ciertas modelos y yoguis en Instagram te hace sentir que no encajas.

Otras veces, en cambio, los disparadores son menos evidentes.

En lo más profundo de nuestras almas, sentimos la necesidad biológica de encajar. Por eso nos parece tan importante lo que los demás piensen de nosotras. Hablaré más sobre esto, en los capítulos 7 y 13, pero aquí va un ejercicio que te ayudará a darte cuenta de hasta qué punto la voz crítica depende de la percepción que los demás tienen de ti.

- Haz otra lista para cada una de las áreas que conforman tu vida.
- Debajo de cada una, escribe varias palabras que no querrías que nadie usara para describirte. Por ejemplo, en el apartado Relaciones, no quieres que tu pareja te considere dependiente, histérica, insegura y aburrida. En el trabajo, no quieres que el jefe o los compañeros te definan como poco cualificada, irresponsable e inexperta. Es importante que cubras todas las áreas de tu vida, sin saltarte ninguna ni quedarte corta. Sé sincera.
- Luego pregúntate qué significa para ti cada una de esas

percepciones. ¿Por qué es tan importante que tu pareja no te considere dependiente? El objetivo de este ejercicio no es cambiar ninguna de esas ideas, sino ser consciente de que las piensas.

No quiero ponerme dramática, pero a mí esta herramienta me ha cambiado la vida. Ahora soy capaz de reconocer casi al instante cuándo me estoy castigando porque me da pavor la imagen que los demás puedan tener de mí.

Por ejemplo, al poco tiempo de empezar a practicar este ejercicio, concerté una entrevista con una mujer a la que admiraba y a la que quería invitar a mi podcast desde hacía mucho tiempo. Ella me preguntó si podía ser por la tarde, que es cuando mis hijos están en casa. No era imposible, pero sí complicado. No estaba muy convencida, pero le dije que sí.

Unos días más tarde, estaba en el patio de mi casa jugando con los niños cuando recibí un mensaje en el móvil a las 15.05 que decía: «Hola. ¿Sigue en pie lo de las 15.00?».

Pensé: «¡OH, NO! QUÉ HE HECHO, QUÉ HE HECHO, QUÉ HECHO». Me había olvidado por completo de la entrevista.

Respondí enseguida: «¡Perdona! ¡Dame cinco minutos!». Les di una bolsa de M&Ms y un iPad a los niños, les dije que me dejaran tranquila durante una hora, que su vida dependía de ello, y corrí escaleras arriba para hacerle la entrevista.

En esos cinco minutos que tardé en prepararme, me dejé llevar por el miedo a que mi entrevistada me considerara desorganizada, impresentable e inexperta. Quería explicarme con desesperación, a ella y a mí misma, y empecé a fustigarme.

«Debería haber estado más atenta. Seguro que piensa que soy una inútil.»

Había cometido un simple error y lo primero que hacía era aprovechar la ocasión para atacarme. Fue muy rápido. Y muy sucio. Pero en cuanto empecé, me di cuenta de lo que estaba haciendo y paré en seco. Me dije: «Te has equivocado. No hay para tanto. Pídele disculpas. Le puede pasar a cualquiera. Todo el mundo mete la pata de vez en cuando».

Y ya está. Pasé página.

En ningún momento sentí la necesidad de tirarme flores o de convencerme de que mi entrevistada seguro que no pensaba ninguna de esas cosas sobre mí. Mi mente sabe reconocer cuándo me pongo a decir tonterías para dejar de sentirme mal. Nunca funciona. Lo que hice fue decir la verdad: que todo el mundo comete errores, que el mío tampoco era tan importante, que podía arreglarlo y pasar página.

Tampoco me sentí mal en ningún momento por reaccionar de forma automática. Los disparadores tienen un origen muy profundo y son parte de la naturaleza humana. La clave es ser consciente de qué es lo que los activa para darte cuenta a tiempo y cambiar a una voz más amable.

Eso es autocompasión.

En resumen, el proceso que te ayudará a reconocer tus disparadores y a manejarlos es el siguiente:

- Averigua qué es lo que te hace saltar. Sé consciente de los miedos concretos que te provoca que los demás te vean de cierta manera. Deshazte de esos miedos. Si eres sincera contigo misma y aceptas tus disparadores, po-

drás entrenar el cerebro para que detecte cuándo estás
siendo demasiado dura contigo misma.

- Siente cada vez que se activa uno. Cuando eres vulnerable (te has equivocado, has discutido con alguien,
  estás haciendo algo por primera vez) es más probable
  que saltes. Si eres capaz de identificar tus propias reacciones, deberías poder detener el ciclo con rapidez.
- Empieza a utilizar un lenguaje más agradable contigo
  misma. No hace falta que exageres. Sin pasarte y conce-
  diéndote un poco de margen.

Práctica y compromiso

Verdad verdadera: si quieres cogerle el tranquillo a la voz
crítica, aprender a detectar esos momentos y a ser más compasiva contigo misma, debes involucrarte en el proceso. También puedes leer este libro y esperar que ocurra como por arte
de magia, pero lo ideal sería comprometerse con el trabajo y
perseverar hasta que salga de forma natural.

Muchas mujeres suelen preguntarme cuánto tiempo tardé en pasar de machacarme por sistema a ser compasiva conmigo misma. Es difícil establecer un tiempo exacto, pero creo
que pasaron unos tres años antes de que empezara a notar
cambios significativos en mi discurso interno. Fue algo gra-
dual y tardó muchos meses en materializarse, pero si me hubiera limitado a probarlo unas semanas para luego dejarlo a la
primera de cambio, jamás lo habría conseguido. Hay gente
que lo consigue en menos tiempo. Es una cuestión de compromiso. Escuchemos a Julie, por ejemplo:

Cuando empecé a trabajar en mi voz crítica, estaba emocionada y muy nerviosa. Emocionada porque me iba a ocupar de algo que llevaba décadas lastrándome, y nerviosa por si lo hacía mal. Con el tiempo, lo he convertido en una prioridad, y ¿sabes qué? Ahora soy capaz de pillar a ese bicho malo en cuanto intenta derribarme. «¡Ni pensarlo, hoy no!» y sigo a lo mío. Básicamente, me ha cambiado la vida a mejor para siempre.

No espero que todas las herramientas resulten igual de prácticas para todo el mundo. Hay que probarlas todas e ignorar aquellas que no te gusten. Quédate con las que sí, guarda las que te sean más útiles y tenlas a mano para cuando las necesites. Lo normal es que al principio se progrese bastante y luego se sufra una recaída y se vuelva a las viejas costumbres. Es habitual oír a la gente decir: «Me iba genial hasta que lo dejé con mi pareja y empecé otra vez a machacarme». La vida es así. A veces es dura. Y a la voz crítica le encantan esos momentos. Debes estar atenta; es tu único cometido.

La incomodidad de la autocompasión

Es posible que en algún momento de este viaje iniciático oigas hablar de las afirmaciones positivas, que no son otra cosa que transformar los pensamientos negativos en positivos. Bueno, pues si alguna vez se me ocurre dar ese consejo, tienes mi permiso para tirarme lo que quieras a la cabeza.

No creo en el poder de las afirmaciones y tampoco me trago que funcionen solas, y cuando digo «funcionar» quiero decir que es poco probable que si te sientes mal por algo con un origen muy profundo, el hecho de pensar en algo en positivo haga que te encuentres mejor al instante. Ni siquiera aunque lo repitieras un millón de veces.

Como ya he dicho antes, muchas nos machacamos porque tenemos heridas profundas y creencias que nos llevan a pensar que nunca somos lo bastante buenas.

La autocompasión como concepto puede ser muy compleja. Llevas mucho tiempo dirigiéndote a ti misma con el mismo tono, no es tan fácil cambiarlo de un día para otro. Si lo fuera, lo haría todo el mundo. Estaríamos emocionalmente mucho más sanos y nos trataríamos mejor los unos a los otros. Y yo no tendría que escribir más libros como este.

Dicho esto, a mucha gente se le atraviesa el concepto de ser más amable con uno mismo. ¡Y lo entiendo! Hay días que a mí también me cuesta.

Y para eso están los mantras.

Un mantra es una palabra o una afirmación muy potente que repetimos una y otra vez. En este caso, necesitas inventar un mantra que puedas repetir cada vez que la voz crítica ataque. Estos son algunos de mis favoritos:

- Te oigo y elijo no escucharte.
- Gracias por compartirlo; yo sigo mi camino.
- Te he oído.
- No tengo por qué sufrir por esto, por eso elijo no hacerlo.
- Vaya, pues acaba de pasar. (¡Este es el que yo uso!)

También puedes aprovechar para hacer preguntas aprovechando que la voz crítica ataca:

- ¿Qué es lo que me estoy inventando en esta situación?
- ¿A qué le tengo tanto miedo?
- ¿Es real?

Debes reconocer tu discurso interno y seguir adelante, pero no hace falta silenciarlo. Se trata de practicar la autocompasión, ¿verdad?

En el libro *It's Not About Food* de Carol Emery Normandi y Laurelee Roark, las autoras nos recuerdan lo siguiente: «Sé compasiva. Estás conociendo partes de ti misma con las que llevas mucho tiempo en guerra».

Porque una y otra vez, cuando practico este mismo ejercicio con mis clientas, las oigo decir: «¡Mi mantra va a ser "QUE TE DEN"! ¡Dedicado a mi voz crítica!».

Estoy totalmente a favor de adoptar una postura enérgica contra el discurso negativo de la voz crítica y de usar cualquier herramienta que funcione, pero antes hay que hablar las cosas.

Es posible que lleves buena parte de la vida machacándote. Perpetrando violencia interna contra ti misma. ¿Qué tal si dejas el bate de béisbol en el suelo? Despacio, con mucho cuidado. Estás tan acostumbrada a dirigir el odio hacia ti misma que es normal que hagas lo mismo con la voz crítica, aunque resulte agotador. Ya no hace falta que le plantes cara al matón de la clase.

La pregunta es: ¿cómo me siento mejor? Puede que experimentes una sensación de victoria cada vez que insultas a la voz crítica, pero al final ¿sirve para algo? La voz crítica forma parte de ti; es la representación de tus peores miedos, de la aversión a la vergüenza, de las heridas del pasado transformadas en palabras y sentimientos. Es una parte de ti. La voz crítica surge del miedo, y ese miedo lo que pretende es mantenerte a salvo. Tiene una forma un tanto peculiar de comunicarlo, cierto, pero no hace falta que te comportes como una estúpida con ella solo porque ella lo haga contigo.

Empieza por la herramienta que te sirva para responder de forma neutral cada vez que la voz crítica entre en acción.

Cartas de amor

La clave de la autocompasión es hablarte a ti misma como le hablarías a las personas a las que quieres.

Imagina que estás en el trabajo y una compañera, alguien en quien confías y a quien le tienes mucho cariño, comete un error en el proyecto en el que está trabajando. Está ahí, sentada en su mesa, exclamando: «¡Qué tonta soy! ¡Si es que no valgo para nada! ¿Cómo es posible que haya cometido un error de novata? ¡Seguro que me despiden!». Quizá incluso empiece a llorar.

¿Deberías intervenir de alguna manera? O, peor aún, ¿le gritarías «Sí, no vales para nada. Plantéate la posibilidad de presentar tu renuncia. ¿Quieres que te ayude a recoger algo? Toma, una caja».

No. Seguramente te sentarías a su lado e intentarías calmarla con un tono de voz tranquilo y compasivo. Le dirías que todo el mundo comete errores, le preguntarías si puedes hacer algo para ayudarla y le recordarías todas las cosas buenas que ha hecho por la empresa.

Pues ahora te toca a ti.

Practica esa misma estrategia contigo misma. Y no la descartes por demasiado obvia; al principio, nos cuesta a todas. Estamos programadas para machacarnos y hacer lo contrario se nos hace raro. Tampoco debemos sorprendernos si nos da por llorar.

Este es un ejercicio para abrir boca: coge un trozo de papel o tu diario y escribe una carta en la que te expliques algo que te haya pasado y que percibas como un fracaso, pero hablándote como le hablarías a una amiga. Piensa en algún error del pasado o en el área de la vida por la que más te criticas. Si la carta fuera para una amiga, ¿qué le dirías?

Aquí va un ejemplo:

Querida Jennifer:

Sé que últimamente estás siendo muy dura contigo misma porque no consigues perder el peso que ganaste durante el embarazo. Te niegas a ponerte un bañador, evitas que te saquen fotos y odias tu cuerpo en general. Mira, quiero que sepas...

El objetivo inicial es escribir unas cuantas frases, y luego a ver qué sale. La única norma es escribir desde el amor y la compasión que sientes hacia ti misma.

También puedes escribir una carta pidiéndote perdón. Seguro que te lo mereces. Explica por qué crees que deberías haber sido más comprensiva contigo misma y comparte tu intención de cambiar las cosas en el futuro.

Podría empezar así:

Querida Tracy:

Quiero pedirte disculpas por mi forma de hablarte estos últimos años. Siento haberte tratado tan mal, me siento culpable. Fui muy cruel cuando (insertar situación), pero por fin he aprendido a hablarte como te mereces. Mi intención a partir de ahora es (rellenar espacio).

Evita hacer promesas grandilocuentes del tipo: «Nunca volveré a hablarte así». ¡No hay que olvidar que el objetivo es ser realista, no fracasar estrepitosamente! Intenta establecer objetivos alcanzables: «A partir de ahora, practicaré una nueva técnica para dirigirme a ti» o «Estaré atenta por si se da alguna situación tensa».

Este ejercicio puede ser muy valioso. Cuando escribimos nuestros pensamientos, las ideas fluyen a través del cuerpo y adoptan una forma tangible en lugar de quedarse flotando en nuestra cabeza.

PERDÓNATE

Aquí voy a cambiar un momento de tema para decir algo que es esencial para aprender a ser compasiva: tienes que aprender a perdonarte.

¿Por qué? Cuando no trabajas el perdón, llevas una carga sobre los hombros, y esa carga es un estímulo más para la voz crítica. El autoperdón tiene que ver con la bondad y la compasión con uno mismo.

Reconozco que el autoperdón puede llegar a ser muy

complicado. No pienso mentir, no tengo por qué decir: «Este es el proceso paso a paso: si haces esto y dices esto otro, te perdonarás a ti misma y podrás seguir avanzando». Es un proceso complejo y puede implicar vergüenza, culpabilidad, dolor y a veces hasta traumas. Puede que en el pasado haya cosas muy duras que tengas que perdonarte. Si te avergüenzas de algo que ocurrió hace tiempo, sobre todo si ese algo implica algún tipo de trauma —una muerte de la que te sientes responsable, por ejemplo, o un abuso del que te culpas a ti misma—, recomiendo consultar la sección de recursos y que te plantees la posibilidad de acudir a un terapeuta especializado en situaciones como la tuya.

Pero si lo que tienes que perdonarte tiene un impacto menor (pero sigue siendo igual de importante), hay una serie de cosas que aconsejo valorar.

Empezaremos por describir el problema. ¿Has tomado alguna decisión de la que te arrepientas? ¿Te has visto envuelta en circunstancias adversas? ¿Hay algo en el pasado o en el presente que lleves encima a todas partes? Piensa en todo aquello por lo que te machacas y te «castigas» continuamente. Puede que:

- le hayas sido infiel a tu marido o pareja;
- hayas tolerado una relación abusiva y no le hayas puesto punto y final aunque sabías que debías hacerlo;
- has sufrido un aborto por el que te sientes mal;
- la has pagado con tus hijos, esta mañana o hace tres años;
- le has dado la espalda a alguien que te necesitaba.

O quizá necesitas hacer las paces contigo misma o perdonarte porque sientes muchas cosas negativas —tristeza, crueldad, vergüenza— y no haces nada para evitarlo. A veces nos castigamos por cosas tan simples como no estar donde querríamos estar, y donde sabemos que podríamos estar. Es como un viaje: sabes que estás en camino, pero tienes la sensación de que tardas demasiado y te castigas por no haber llegado aún.

Necesito preguntar lo siguiente: ¿qué crees que significa perdonarse a uno mismo? Mucha gente se niega, porque siente la necesidad de cargar con el peso de sus errores. Como si sufrir o fustigarse fuera una forma de expiar los pecados. Si la respuesta es que lo que hiciste en realidad no es tan malo, o que perdonarte significa aceptar el mismo comportamiento en los demás o, peor aún, responsabilizarte de tus propios actos, tenemos que hablar.

Perdonarse no equivale a ninguna de esas cosas. Significa aceptar que eres humana y que mereces liberarte del yugo que supone cargar con el sentimiento de culpa inherente al ser humano.

Quizá deberías empezar aceptando que eso que te hace sentir mal ha ocurrido de verdad. Puede que suene un poco absurdo, pero a menudo negamos lo que nos ha pasado porque admitirlo significa responsabilizarnos de nuestras acciones y reparar el daño causado. Admitir hasta las últimas consecuencias supone experimentar sentimientos y emociones que llevamos mucho tiempo evitando.

Tampoco se trata de caer en los brazos de la autodestrucción. Me encantaría que el resultado siempre fuese más autocompasión, pero a veces, cuando tenemos remordimientos por algo que hemos hecho, necesitamos pedir perdón. El remordimiento es una profunda sensación de arrepentimiento o culpa fruto de una acción negativa. La culpa también puede ser buena, porque nos incita a cambiar. Cuando nos sentimos culpables, sabemos que hemos hecho algo malo. Algo que va contra nuestros valores y que probablemente le ha hecho daño a otra persona. La culpa nos anima a enmendar nuestras acciones, aprender de los errores y hacerlo mejor la próxima vez.

También es importante reconocer qué otros sentimientos tenemos, además de la culpa. Miedo, resentimiento, ira, vergüenza, frustración, humillación... ¿Estás evitando alguno en concreto? Me atrevo a decir que sí. ¿Y si tuvieras margen de sobra para sentir todas esas emociones? (Para saber más sobre el bloqueo emocional hay que leer el capítulo 3.) Cuando nos perdonamos a nosotras mismas o a otra persona, afloran los sentimientos. A veces, a toneladas. Debemos estar preparadas por si acaso y recordar que es normal y necesario completar el proceso.

Puede llegar un punto en el proceso de autoperdón en el que tengas que reparar el daño que le has hecho a alguien. No se trata solo de limpiar tu conciencia para poder dormir tranquila por la noche. Pide perdón o arregla las cosas solo cuando hacerlo no implique provocar otro drama.

Por ejemplo, si has tenido una aventura con un hombre casado y necesitas reparar el daño que le has hecho a su mujer, lo más probable es que no sea una buena idea, a menos que estés segura de que no volverás a perturbar la paz. Todos los programas de recuperación incluyen una lección sobre este tema que aconseja arreglar las cosas siempre que sea posible, «menos cuando sabes que, al hacerlo, perjudicas a las personas implicadas o a terceros». Dicho de otra manera, antes de hacer algo, piensa en la otra persona.

Además, y esto es la otra cara de la moneda, perdonarse a una misma no puede depender de que el otro acepte las disculpas. Puede que no las acepte. En un mundo ideal, la persona en cuestión lo haría, os fundiríais en un abrazo, viviríais felices y comeríais perdices. Pero este mundo no es para nada ideal. Se trata de expresar y sentir el remordimiento. Antes de pedir perdón, asegúrate de que no dependes del resultado.

Un estupendo mantra para el autoperdón es: «Soy humana y he cometido un error». Porque sí, eres humana, y sí, has cometido un error. Así de simple. Eso no quiere decir que seas mala persona, solo que eres humana y te has equivocado. Si te sirve de algo repetir ese mantra hasta la saciedad, por mí adelante.

Sentir dolor, procesar los sentimientos y perdonarse a uno mismo son cosas que se consiguen con el tiempo y a veces por capas. Vale la pena repetirlo las veces que haga falta: el autoperdón no es un proceso autoconclusivo. Puede que para alguien lo sea, pero para la mayoría suele ser una práctica y un proceso de crecimiento que dura meses o años.

Pero perdonar no significa olvidar. Se puede aprender de lo ocurrido y dejarse guiar por la experiencia. Puedes sentirte culpable o como tú quieras. El objetivo es procesar la vergüenza y eliminar la recriminación que acompaña al recuerdo.

La forma de hablarse a uno mismo es fundamental y muy valiosa para la felicidad y el crecimiento personal. Es importante, al igual que lo eres tú. Hay que practicar. Este proceso tiene la capacidad de cambiar una vida por completo. Si prestas atención a tu discurso interior, habrás dado el primer paso para sentirte mejor contigo misma y con tu vida.

Hazte las siguientes preguntas:

- ¿Cuál es el motivo por el que sueles machacarte más?

- ¿Qué es lo que dice tu voz crítica?

- ¿Serías capaz de precisar el origen exacto de tu discurso negativo? En caso afirmativo, ¿cuál es?

- ¿Eres capaz de controlar alguno de tus disparadores? Si es así, ¿cómo lo haces?

- ¿Hay algo que necesites perdonarte? En caso afirmativo, ¿qué estás dispuesta a hacer para lograrlo?

2

Lárgate y déjame en paz:
Aislarse y esconderse no es una forma de protegerse

Vivimos en un mundo socializado. Hasta la ciencia nos dice que nosotros, los humanos, estamos diseñados para conectar. Hay quien afirma que es la razón por la que estamos aquí. Sin embargo, en muchos sentidos estamos más aislados que nunca.

Tengo la costumbre de preguntar a las mujeres con las que trabajo cómo es su sistema de apoyo y, en concreto, suelo interesarme por sus amistades femeninas. La mayoría responde que es un tema que les cuesta; muchas tienden a aislarse, a esconderse, incluso cuando sus amigas son mujeres como ellas.

Puede que a ti te pase lo mismo.

Lo que ocurre es que no pides ayuda cuando la necesitas, ni siquiera cuando estás pasando por una crisis. Seguro que te gustaría hacerlo, pero no puedes evitar repetir alguna o varias de las siguientes afirmaciones:

> Nadie quiere oír mis historias.
>
> Kristy no tiene los mismos problemas que yo. Me da vergüenza contárselos.
>
> Puedo arreglármelas sola. Ya encontraré la manera.
>
> Está muy ocupada, no tiene tiempo para mis historias y yo tampoco quiero molestarla.

Básicamente, buscas cualquier excusa con tal de no pedir ayuda.

Que alguien se aísle no significa que sea un ermitaño. No se oculta entre las sombras ni sale de noche como los vampiros. Aislarse y esconderse es más un acto emocional que físico. Estamos hablando de mujeres que esconden sus inseguridades, aíslan sus problemas y no quieren que los demás los vean. De hecho, en la mayoría de los casos suelen ser personas abiertas, muy sociables; cuando las conoces, lo primero que piensas es que tienen una vida maravillosa. A simple vista, lo tienen todo bajo control.

Pero en lo más profundo de su ser se sienten solas, tienen miedo y sufren de ansiedad.

Esta es Wendy, de una de mis clases:

> Siempre me escondo cuando las cosas se ponen difíciles o se tuercen, porque así me resulta mucho más fácil soportar los juicios de la gente de mi entorno. Lo hago porque sé que no he estado a la altura de lo que se esperaba de mí y porque ya me he juzgado a mí misma con la dureza que me merezco. La única persona que sabe lo mal que estoy es mi terapeuta. Intento mantener el contacto con mis amigas, fingir que todo va bien y hacer las cosas que me gustan, aunque por dentro esté destrozada. Es agotador y muy duro. Cuando me escondo, siento que soy insensible; nada me produce felicidad y solo muy de vez en cuando percibo el dolor de lo que me está pasando. Siento que soy yo contra el mundo y me horroriza la idea de que la gente sepa hasta qué punto soy un fraude.

Cuando analizamos el aislamiento o el acto voluntario de esconderse, el sentimiento dominante siempre es el miedo.

Miedo a parecer dependiente, a ser juzgada, a molestar a los demás con tus problemas o con tu dolor. La historia de Wendy es un clásico ejemplo de esto. Tememos agobiar a nuestras amistades. Nos preocupa mostrarnos tal y como somos y que luego «nos descubran» porque no lo tenemos todo tan claro como intentamos aparentar.

La tormenta perfecta se da cuando a una situación de abatimiento, causada por el motivo que sea, le añadimos el miedo a ser una carga, a ser juzgada o a pensar que somos las únicas personas con esos mismos problemas. Cuando esto ocurre, enseguida tomamos la decisión de no pedir ayuda a nadie. Lo que más oigo es que para estas mujeres apoyarse en los demás ni siquiera es una opción. No se debaten pensando: «¿Debería llamar a fulanita?». Cuando alguien les pregunta cómo están, no hacen ni una mínima pausa antes de responder y ni siquiera se plantean la posibilidad de ser sinceras.

Las mujeres que se esconden y se aíslan con sus problemas saben desde el primer momento que nadie se enterará de lo mal que lo están pasando porque ellas no se lo dirán a nadie. Es demasiado arriesgado.

¿Cuál es el origen?

Hay gente que atribuye la costumbre de aislarse a su timidez o a su condición de introvertidas. La personalidad puede jugar un papel menor en el caso de este hábito, pero muchas veces es consecuencia de algo que te ha ocurrido en la vida. Quizá pediste ayuda o pensabas que podías contar con alguien concreto y fuiste rechazada o criticada por mostrar tus sentimientos. Puede ser muy útil localizar ese momento si lo que queremos es enfrentarnos a la idea de que esconderse y aislarse es una ayuda.

Mira a Rachel, por ejemplo:

> Empecé a esconderme a los once años, después de sufrir una caída muy aparatosa y que nadie me creyera cuando me quejaba del dolor. Al final tuve que pasar por el quirófano. Este incidente infundió en mí la creencia de que «a nadie le importa cómo me siento» y «nadie me escucha cuando sufro», por eso a partir de entonces decidí que nunca más volvería a compartir ese tipo de información con nadie. Cuando las cosas se ponían difíciles, yo me retiraba a mi cueva. Disimulé mis sentimientos y escondí todo aquello que pudiera ser considerado vulnerable.
>
> En el instituto tenía bastantes amigos, pero en cuanto se torcían las cosas o me tenía que poner seria, me escondía. Me daba miedo que me vieran como alguien débil y que a nadie le importaran mis problemas. Las pocas veces que intenté compartir lo que sentía y hablar de ello, se me hacía un nudo en la garganta y me echaba a llorar, lo cual no hacía más que empeorarlo todo. Fue esa sensación de incomodidad la que contribuyó a que no quisiera ser más abierta. Cada vez me escondía más.

Es evidente que el origen del comportamiento de Rachel y su necesidad de esconderse tienen su origen en la creencia de que si pedía ayuda o le contaba a alguien que lo estaba pasando mal, nadie la iba a creer. Puede que haya más personas con una historia parecida. Quizá alguien te hizo sentir mal por mostrar tus sentimientos o por lo que te pasara en aquel momento. O puede que sea más sencillo que todo eso y que nadie te hablara de sentimientos cuando eras pequeña.

Puede ser que no haya una razón evidente. Tranquila, no pasa nada. Muchos de los hábitos que aparecen en el libro se solapan, así que es posible que, en tu caso, el problema sea el perfeccionismo y la incapacidad para ser fuerte, lo que acaba provocando aislamiento y tendencia a esconderse. Para deshacerse de estos hábitos hay que ser capaz de mostrarse vulnerable. Sin embargo, muchas de nosotras crecimos en hogares en los que la vulnerabilidad era algo de lo que nunca se hablaba y tampoco se aprendía imitando a los mayores. De ahí que, cuando crecimos, fuimos incapaces de reproducirla.

Es importante que te preguntes por qué te escondes. Responde estas preguntas en tu diario: ¿Qué crees que pasaría si pidieras ayuda y cuáles son exactamente tus miedos al respecto? El motivo por el que te aíslas y te escondes tiene mucho que ver con las respuestas a estas preguntas. Los miedos son casi siempre (cuando no siempre) irracionales, pero con el paso del tiempo se convierten en tu verdad.

El aislador inconsciente

Es bastante probable que te estés aislando y ni siquiera te hayas dado cuenta.

Hace muchos años salí con un hombre al que consideraba don Perfecto, pero la cosa se torció enseguida. Yo acababa de divorciarme, no lo llevaba demasiado bien y aquella nueva relación era una forma de distraerme. Mi divorcio fue tan doloroso que la mayoría de mis amigas no supieron cómo apoyarme. Las hubo que sí estuvieron a la altura, pero yo estaba tan avergonzada, me sentía tan humillada y destruida, que no quería ver a nadie. Mientras mis amigas iban haciendo mutis por el foro y salían de mi vida, yo les daba la espalda y fingía que no me había dado cuenta ni me importaba.

Con el paso de los meses, mi relación con el señor No Tan Perfecto se iba deteriorando y yo me escondía cada vez más. No respondía a los mensajes de mis amigas (a veces me pasaba semanas enteras sin comprobar el correo) y tampoco devolvía las llamadas. Si por casualidad hablaba con alguna de ellas, le mentía y le decía que todo iba genial.

Me daba miedo que me descubrieran. Estaba destrozada y no sabía cómo lidiar con el dolor y los sentimientos que se arremolinaban en mi interior. Lo probé todo con tal de no sentir: el amor (destructivo), las compras, la bebida, las fiestas. Sobre todo seguía escondiéndome. Era incapaz de enfrentarme a mi propia vida. ¿Cómo iba a exponerla en público? Si no podía soportar ni mi propia experiencia, ¿cómo le iba a pedir a alguien que me ayudara a sobrellevarla?

Debes preguntarte si te estás poniendo condiciones para compartir las cosas que te pasan. Como yo era incapaz de soportar mi propia historia —por aquel entonces creía estar pasando el peor momento de mi vida con diferencia—, decidí que todo el mundo pensaba igual que yo y que, por lo tanto, no era merecedora de su ayuda. Estaba tan mal que creía que nadie debía soportar mis problemas por mí. Yo me había metido en aquel embrollo y tenía que salir de él por mis propios medios. Era como si pretendiera superarlo mostrándome inflexible conmigo misma.

Esa forma de pensar, querida lectora, siempre, siempre,

siempre acaba haciéndote aún más daño. Pero hay salida. Veamos cuál.

Cómo solucionarlo

Aislarse y esconderse pueden ser hábitos difíciles de corregir. Pedir ayuda requiere ser capaz de mostrarse vulnerable, y la vulnerabilidad nos da miedo. Qué digo miedo, pavor. Si le abrimos nuestro corazón a alguien, podría rechazarnos o expulsarnos de su vida, incluso juzgarnos y criticarnos (a veces en silencio, pero nosotras lo notamos... lo sabemos). Dicho de otra manera, podríamos no conseguir lo que esperamos obtener de ese otro ser humano. Es muy arriesgado y nos deja demasiado expuestas, así que mejor no decimos nada.

Además, al igual que Rachel, muchas de nosotras consideramos que ser vulnerable es una debilidad. Cuando hablé con ella, llegó a decirme que sentía cierto desprecio por la gente que sí compartía sus historias de lucha y superación. Como se juzgaba a sí misma con tanta dureza, no le importaba juzgar a los demás con la misma brutalidad.

A veces oigo que las mujeres de mi comunidad no se sienten importantes en sus propias vidas y eso acaba contagiándose a las amistades. Una mujer que conozco, Ana, me dijo una vez: «Siento que no me entrego al cien por cien con mi círculo de amigas, que no les doy todo lo que tengo y que por eso les estoy fallando». Muchas de nosotras evitamos conectar con nuestras amistades, pero luego sentimos la necesidad de convertirnos en un pilar en el que todos puedan apoyarse. En cierto sentido, es más fácil estar disponible para los demás que esperar que ellos lo estén para nosotras. A muchas mujeres les gusta la vulnerabilidad ajena, la buscan y la disfrutan, pero jamás enseñan la suya.

Cuando tenemos que decidir entre ser vulnerables y ser valientes —en este caso, cuando tenemos que escoger entre pedirle ayuda a un amigo o permanecer en silencio, aisladas—, las dos opciones pueden ser igual de malas.

Por un lado, al pedir ayuda te arriesgas a exponerte emocionalmente. Por el otro, si no lo haces, te quedas sola y aislada, lo cual te lleva a caer en otros hábitos malsanos (insensibilidad, discurso negativo y cualquiera de los comportamientos que trataré a lo largo del libro) que, a su vez, te aísla todavía más. Las dos opciones son difíciles; lo más probable es que te hayas acostumbrado a la segunda y estés metida en un círculo vicioso.

No se trata de llamar a las amigas hoy mismo y explicarles todos tus problemas. Tampoco de acercarse al camarero del Starbucks y, con lágrimas en los ojos, contarle tus secretos más oscuros. De momento, me conformo con que pienses. ¿Quieres llegar al final de tu vida arrepintiéndote por no haber encontrado a nadie en quien apoyarte? ¿O prefieres arrepentirte de no haber alimentado tu relación con un amigo que ya tenías?

Tenemos que practicar la valentía y la vulnerabilidad asomándonos por encima de esos muros que hemos levantado a nuestro alrededor con la excusa de protegernos, tenemos que atravesarlos y encontrar a alguien con quien poder conectar. Tenemos que aprender a fracasar, poner el contador a cero y volverlo a intentar.

Porque todas somos imperfectas, igual que el viaje hacia

nuestro desarrollo personal, que está plagado de errores y de pasos en falso. Prometo que en cuanto des el primer paso, irás ganando velocidad y seguridad en ti misma. No estás sola. Hay miles de mujeres leyendo esto ahora mismo, mujeres como tú, con los mismos miedos. Prometo que si persistes y practicas la vulnerabilidad, te pones pruebas y haces los ejercicios, conseguirás conquistar el amor y la conexión que tanto deseas y mereces.

Prometo que si persistes y practicas la vulnerabilidad, te pones pruebas y haces los ejercicios, conseguirás conquistar el amor y la conexión que tanto deseas y mereces.

CÓMO ABRIRSE

Una de las primeras cosas que pregunto a las mujeres con las que trabajo es cuáles son los elementos claves de sus vidas; más concretamente, si tienen como mínimo una o dos amigas en las que pueden confiar. Tendemos a subestimar el poder de las amistades femeninas. En esta cultura nuestra tan ajetreada y afanosa, no las consideramos una prioridad cuando, de hecho, en la salud de estas relaciones es donde reside la clave de la felicidad y de la alegría.

Hay muchos motivos por los que nos hemos acostumbrado a no darles la importancia que se merecen. Además de no valorarlas como es debido, tenemos miedo. Muchas sabemos lo que es la traición y estamos decididas a no volver a confiar en nadie. Creemos necesitar una red de amigas extensa, unas diez como mínimo, con las que hablar a diario y salir a tomar algo los fines de semana, y eso suena agotador, ¿verdad?, sobre todo porque a ti lo único que te apetece es ponerte el chándal y ver algo en Netflix.

A estas alturas ya ha quedado claro que para dejar de sentirte aislada y de esconderte hace falta sentirte vulnerable con un círculo selecto de amistades. Una colega de profesión, Shasta Nelson, autora de *Frientimacy*, lo resume muy bien: «Cuando nos sentimos solas, no es porque no conozcamos la suficiente gente, sino porque no nos sentimos cercanas ni a un pequeño puñado de amistades».

No se trata de airear los trapos sucios por Facebook delante de todo el mundo, sino de encontrar a las personas de confianza, normalmente una o dos, a las que he bautizado con el nombre de «testigos compasivos».

Con el aislamiento y la necesidad de esconderse pasa como con los otros hábitos que hemos mencionado en este capítulo: el primer paso siempre consiste en darnos cuenta de su existencia. Como ya he dicho antes, hubo una época en mi vida en la que yo tampoco era consciente de que me escondía y de que evitaba a todo mi entorno. Pero si con la lectura del capítulo se te ha encendido la bombillita, solo diré una cosa: de nada.

La empatía

Un testigo compasivo es alguien capaz de responder al relato de tus dificultades con empatía. A muchas no nos lo enseñan de pequeñas —y está claro que no es una virtud inherente al ser humano—, así que puede resultar complicado.

Empezaré definiendo lo que no es la empatía. Todas tenemos esas amigas que, cuando les explicas tus problemas, se lo montan para que no nos sintamos mejor. Supongamos que le cuentas a una amiga que estás pasando por una crisis de pareja. ¿Te suena alguna de estas respuestas?

La Yo Más: «Madre mía, ¡eso no es nada! Yo estoy casi segura de que mi marido me está poniendo los cuernos con la jefa de recursos humanos».

La Ponedora de Peros: «Pero si os vi juntos no hará ni quince días y estabais bien. Seguro que no es para tanto».

La Tú Al Menos: «Bueno, no te quejes, que tú al menos estás casada. ¡Yo llevo diez años soltera!».

La Manitas: «¿¿Habéis ido a terapia? ¿Te has leído ese libro sobre las relaciones de pareja? ¿Y si salís a cenar fuera una vez a la semana como cuando erais novios?».

La Sorprendida: «¿¡QUÉ ME DICES!? ¡Yo creía que tu matrimonio era perfecto! ¡Tienes que conseguir que funcione como sea!». (Se echa a llorar.)

Y, por último, mejor hablemos de mí: «Qué pena. Bueno, pues este fin de semana mi marido y yo hemos tenido una bronca importante. El tío se emborrachó en la barbacoa de los vecinos y...».

Ninguna de esas respuestas es lo que estás buscando. Quizá las has leído y se te haya caído el alma a los pies porque... tú también has respondido así más de una vez a alguna amiga que lo único que buscaba era un testigo compasivo. ¡Ah, cuánta humanidad! No pasa nada. Lo hacemos todos. Practiquemos un poco la autocompasión y volvamos sobre el significado de «empatía».

Recuperemos el ejemplo de antes. Le cuentas a una amiga

que estás fatal con tu marido y ella responde: «Ostras, qué duro. Me gustaría que me lo contaras, si no te importa». Tú te sientes a gusto y sigues hablando. Cuando terminas, tu amiga exclama: «Madre mía, no sé ni qué decirte. Pero me alegro de que me lo hayas contado».

Y ya está.

La empatía consiste en sentir lo mismo que el otro. En buscar en el corazón y encontrar ese sentimiento, el mismo que está sintiendo tu amiga. No se trata de meterse hasta las rodillas en el dolor ajeno hasta que la otra tiene la sensación de que es ella la que debe consolarte a ti (la Sorprendida). Puedes expresar empatía aunque no hayas pasado por lo mismo que tu interlocutora.

Si conoces el dolor, la pena, la traición, el fracaso, la tristeza y el resto de emociones del mismo espectro, serás capaz de ser empática. Solo necesitas saber cómo funciona la empatía y ponerla en práctica.

En 2008, mientras me preparaba para convertirme en coach, un día en clase nos dividieron en grupos de tres. Esta vez me tocaba observar a mí mientras mis dos compañeras practicaban los roles de coach y clienta. La que hacía de clienta explicó que a su marido le acababan de diagnosticar un cáncer. De pronto, se echó a llorar. La otra mujer, la coach, le dijo: «Vaya, lo siento. Tiene que ser muy duro. Siento que tengas que pasar por algo así. Se nota que no estás bien». A continuación, le cogió las manos y la dejó llorar.

Me quedé pasmada. Enseguida tuve claras dos cosas: que la interacción entre las dos había sido preciosa y que yo habría sido incapaz de hacer lo mismo por la clienta. Me habría transformado en la Manitas y habría intentado crear un plan de acción para salvar el matrimonio. Pero lo que necesitaba ella no era eso, sino una testigo compasiva. Yo habría intentado arreglar la situación, pero solo porque me sentía incapaz de soportar su dolor.

Para poder expresar empatía y ser un testigo compasivo, antes debemos aprender a sentirnos a gusto con las emociones más incómodas.

Habrá quien piense: «Vaya, esa amiga parece sacada de un cuento de unicornios y hadas madrinas, pero no existe en el mundo real». Lo entiendo. A la mayoría no se nos da muy bien eso de la empatía, a menos que seamos devotos del desarrollo personal o enfermeras en un hospital para enfermos terminales. Pero se puede practicar la empatía con cualquiera que consideres que es un buen testigo compasivo. Le puedes pedir lo que necesites. Mostrar entre tus amigas un modelo de comportamiento es la forma perfecta de hacerles saber cómo quieres que te traten.

(Me voy a permitir recordar que estar aislada, esconderse o evitar el mundo en general también son modelos de comportamiento.)

Con esto no quiero decir que haya que buscar una amiga para que haga de departamento de reclamaciones o a la que puedas llamar cada vez que estés cabreada o que las cosas no salgan como tú quieres. Estoy a favor de las quejas conscientes y puntuales, pero con esto me refiero a las cuestiones más importantes de la vida. Salir del aislamiento no consiste en encontrar a alguien que sea capaz de resolver tus problemas como por arte de magia. Eso es imposible. Muy de vez en cuando, alguien arreglará algo con una palabra o con una conversación, pero eso es todo.

Se trata de explicarle a una amiga lo que te ocurre para que puedas aclarar tus sentimientos. De pedirle que sea testigo de tu dolor. De ser vista, de ser escuchada cuando más lo necesitas.

Se trata de explicarle a una amiga lo que te ocurre para que puedas aclarar tus sentimientos. De pedirle que sea testigo de tu dolor. De ser vista, de ser escuchada cuando más lo necesitas.

Un consejo sobre a quién le cuentas tu historia

Brené Brown nos dice que compartamos la historia adecuada con la persona adecuada en el momento adecuado, y que lo hagamos solo con aquellos que se han ganado el derecho a escucharla. Creo que todos hemos cometido el error de compartir demasiado pronto porque queríamos establecer cuanto antes las bases de una nueva amistad, o hemos acudido a personas con las que luego sabemos que no podemos contar pensando que esta vez sí, que seguro que se comportan como los seres humanos excepcionales que sabemos que son y responden tal y como a nosotros nos gustaría. Y luego eso no pasa, claro.

Sin embargo, mucha gente sí que conoce a un par de testigos compasivos, o al menos con el potencial para serlo, y aun así insistimos en aislarnos y mantener unos límites tan estrictos que les hacemos un flaco favor a todas nuestras relaciones. Quién sabe, quizá solo son Manitas con buenas intenciones y encima nunca les decimos que eso no es lo que estamos buscando. Lo cual me lleva al tema de la confianza.

Lo que sabemos de la confianza es que se construye avanzando poco a poco. No con expresiones grandilocuentes de amor, sino con momentos mínimos que se van acumulando con el paso del tiempo. Por ejemplo, en una de mis clases online, una mujer nos contó que un día estaba cenando con una amiga y decidió mostrarse vulnerable y contarle un problema que tenía. La amiga dejó el tenedor sobre la mesa y escuchó con atención. Es un pequeño momento, apenas un instante, que ejemplifica el proceso de construcción de la confianza, una forma de decir: «Estoy aquí, te escucho y me importas».

Pero no siempre sale bien. Muchas de nosotras hemos sido traicionadas y apuñaladas por la espalda. Le hemos contado algo a una amiga y ella no ha tenido reparo en chismorrear a nuestras espaldas. O de repente ha desaparecido de la faz de la Tierra. O ha hecho cosas peores, como poner a los demás en nuestra contra. Es posible que te haya pasado más de una vez y en cada una de ellas has pensado: «No pienso volver a confiar en nadie más. Es demasiado arriesgado y no vale la pena».

De verdad que lo entiendo. No confiar en la gente, así, en general, es algo que me ha ocurrido durante toda la vida y en lo que he tenido que trabajar. Pero si quieres dejar de aislarte, de esconderte y de evitar el contacto humano, es necesario crear y alimentar como mínimo un par de amistades íntimas. Además, para poder diseñar y cuidar dichas amistades, hay que levantar poco a poco los cimientos de la confianza con esas personas.

La respuesta más habitual es: «Ya, pero es que la que hace esos pequeños gestos con sus amigas soy yo y luego nadie hace nada por mí». Es posible que sea así, no lo pongo en duda, pero lo que yo suelo contestar no es muy agradable: amiga mía, es probable que tus amigos no se den cuenta de que esperas mucho más de ellos y seguirán sin saberlo hasta que tú se lo digas. ¿Cómo pretendes que te den lo que quieres y que sean una parte importante en el crecimiento de vuestra relación si eres incapaz de comunicarte con ellos?

Pide lo que necesites

Soy muy fan de pedir lo que necesito. Hasta que no dominemos el arte de leer las mentes, no podemos hacer otra cosa. Más nos vale pedir lo que queremos, y eso incluye a nuestras amistades.

Respira hondo.

Tienes dos posibilidades:

1. Resignarte a no recibir lo que esperas de tus amigos, a pesar de que sabes que te quieren, pero como no tienen ni idea de qué esperas de ellos, cada vez que les cuentas tus problemas intentan arreglarlos por ti, te dicen que exageras o algo por el estilo.
2. Seguir sintiéndote frustrada.

O puedes probar otra cosa. Empezar una conversación con estas palabras: «Te voy a contar algo muy duro que me ha pasado hoy y no necesito que me des ningún consejo. Solo quiero que me escuches y que, si quieres, me abraces cuando termine de explicártelo. ¿Crees que podrás hacerlo?».

Y aquí va otra opción: «Me encanta que intentes ayudarme cuando te cuento mis cosas. Se nota que te preocupas por mí, pero yo preferiría que te limitaras a escucharme».

Es una forma de decir «esto es lo que necesito de ti». Si creas un modelo de comportamiento de lo que esperas de tus testigos compasivos, haciendo por ellos lo que tú querrías que ellas hicieran por ti, ¡punto extra! Cualquiera que se preocupe de verdad por ti se alegrará de saber cuáles son tus necesidades y cómo hacer que te sientas bien.

Tengo una clienta que se llama Lisa, que a su vez tenía una amiga, Carrie, a la que conocía desde hacía muchísimo tiempo, pero últimamente se habían distanciado. Había habido cierta tensión entre ellas y, según me contó Lisa, ya solo hablaban muy de vez en cuando y en conversaciones breves y superficiales. Lisa quería recuperar su amistad con Carrie, pero tenía que arreglar las cosas (requisito incómodo número uno), explicarle a su amiga por qué se había sentido herida (requisito incómodo número dos) y proponerle que construyeran su amistad, pero mucho mejor de como era antes (requisito incómodo número tres).

Después de dedicarle muchas horas de reflexión, Lisa acudió al encuentro de Carrie decidida a admitir sus errores, pedir disculpas y explicarle a su amiga con toda la sinceridad, el tacto y la claridad del mundo cómo quería que fuera su amistad con ella. Estaba nerviosa. No tenía ningún control sobre la respuesta de Carrie, solo sobre lo que ella, Lisa, podía aportar a la conversación.

Por suerte, todo fue de maravilla. Carrie aceptó las disculpas de Lisa, también reconoció sus errores y ahora su amistad es mucho más fuerte que antes.

Al principio de este capítulo conté la historia de Wendy,

que decía que la única persona que sabía lo mal que estaba era su terapeuta. También dijo lo siguiente:

> Me doy cuenta de que, cuando comparto mis problemas con mis amigas, pasan dos cosas: primero me juzgan y me dicen cómo debería haber actuado, y luego me sermonean sobre por qué no estoy gestionando bien la situación y por qué, en su opinión, no hay para tanto. Me voy sintiendo peor conmigo misma, incomprendida, fracasada y avergonzada. Normalmente suelo acudir a un par de personas y, cuando pasa lo que te acabo de explicar, es cuando empieza el aislamiento.

Le pregunté a Wendy si había hablado con sus amigas sobre sus necesidades. Esto fue lo que respondió:

> No lo había intentado hasta hace poco. Hablé con una amiga, le conté mi tendencia a aislarme, por qué lo hacía y lo que esperaba conseguir con aquella conversación, que no era otra cosa que me escuchara con empatía. Me dijo que tenía que hacer justo lo que estaba haciendo, hablar con mis amigas y decirles lo que necesitaba, que no tenía nada de malo.
>
> Todo este concepto, lo de pedir lo que necesito, es bastante nuevo para mí y, la verdad, ni siquiera sabía que podía hacerse. Pensaba que la gente es como es, que no se podía hacer nada al respecto. ¿Quién era yo para pedirles que cambiaran por mí? Comunicar mis necesidades y ponerme a mí por delante son dos cosas que nunca se me han dado bien, pero en las que estoy trabajando.

Quién lo iba a decir, ¿eh? Wendy había dado varias cosas por sentadas. Supuso que sus amigas pensarían mal de ella si se abría y, cuando lo hizo y la respuesta fue la que fue, pensó que «la gente es como es» y que no se les podía pedir que cambiaran.

Repito que las cosas no siempre salen como deberían. Puede que le hables a una amiga de tus necesidades y ella se ofenda porque entiende que lo que le estás diciendo es que la que «lo hace mal» es ella. La forma de explicarse es importante. Puedes pedir lo que quieras, pero siempre con sinceridad, tacto y mucha claridad. Pero como dice el refrán, «Quien no se arriesga, no gana».

Recuerda: ¡te mereces pedir lo que necesitas!

Trata bien lo más importante de tu vida: tú

Quienes opinan que aislarse y esconderse del mundo tiene su encanto es porque, y esto lo puedo decir sin temor a equivocarme, su voz crítica está en su mejor momento. Seguro que es quien dirige la función y le dice, micrófono en mano, que lo mejor es no hablar con nadie sobre sus problemas, que ella es la única que lo pasa mal, bla, bla, bla. Tonterías, vaya.

Pues bien, ha llegado el momento de que seas más amable contigo misma. En el capítulo 1 vimos muchas herramientas que te serán de ayuda, pero quería incidir en este tema, sobre todo si en tu vida no hay ningún testigo compasivo. Si, por la razón que sea, te sientes sola a pesar de tus amistades, revisa tu voz crítica.

Piensa también en el ejemplo de Lisa, la clienta que tuvo una conversación con su amiga y le fue genial. Bueno, no siempre es así. Hace años tenía una muy buena amiga que me ayudó a superar las etapas más duras de mi vida. Hasta que un día dejó de devolverme las llamadas. Al final conseguí hablar con ella, le pregunté qué pasaba y me soltó que necesitaba alejarse de mí. Abandonada por una amiga. Me dijo que no sería para siempre, pero que necesitaba un respiro.

Yo estaba destrozada.

Al cabo de un par de años sentí la obligación de escribirle una carta para pedirle perdón por no haber sido una buena amiga. Ella recibió la carta, me lo hizo saber y nunca más volví a saber nada de ella. En la actualidad sigo sin entender qué es lo que hice mal.

Por supuesto, mi primera reacción fue inventarme todo tipo de historias. Me dije una y otra vez que era una amiga horrible; repasé un millón de veces el último correo electrónico que le había enviado. ¿Qué había dicho que estuviera tan mal? ¿Por qué ya no le gustaba como amiga? ¿Cómo podía ser yo tan patética y no haberme dado cuenta antes?

Para ser sincera, todavía me duele. Y seguirá doliéndome mucho tiempo, seguro. Pero no dejo que esa experiencia sea la única evidencia de lo que puede ocurrir en cualquier amistad. Soy consciente de que aquel revés me ha convertido en una persona asustadiza a la hora de sincerarme con mis amistades más cercanas, pero la clave es que ahora sé cuándo pasa. Sé por qué pasa y puedo escoger otras opciones. ¿Que si es difícil? Sí. Mucho. Y quiero destacar algo importante que hice cuando me ocurrió aquello porque puede que tú también lo hagas.

Mientras me desesperaba por el segundo portazo de la que yo creía mi amiga, empecé a inventarme historias sobre mí misma. Que yo era una amiga horrible y que jamás debería haber confiado en ella en aquella época tan mala de mi vida.

Que yo, y todo lo que me había pasado, éramos demasiado para aquella amistad. Yo era demasiado, mi vida era demasiado. La conclusión final: que yo era una persona horrible.

Y lo creía de verdad.

Con un poco de curiosidad, atención y trabajo, conseguí salir de aquello y darme cuenta de que no era ni una persona horrible ni una mala amiga. Me ha costado mucho esfuerzo volver a ser capaz de confiarle mis problemas a mi mejor amiga.

La confianza se construye poco a poco, con el paso del tiempo, y no se puede forzar ni acelerar.

Adelante, sin parar

Lo que no quiero que pase es que alguien intente conectar con otra persona, que la cosa no salga como espera y que acabe tirando la toalla y mi libro al otro lado de la habitación. Me niego a que acabe citando lo ocurrido como prueba de por qué la mejor opción es guardarse los problemas para sí misma, encerrarlos bajo llave y no volver a intentarlo nunca más.

En cuanto se te pase la rabieta y estés más calmada, te voy a pedir que le des una segunda oportunidad. Lo cierto es que es bastante probable que no salga bien a la primera. ¿No es así con todo? El desarrollo personal no es una excepción. Lo que sí puedo prometer es que si te comprometes contigo misma y con tu crecimiento como persona, y lo vuelves a intentar una y otra vez, no tardarás en ver resultados.

La paciencia y la perseverancia son tus aliadas, y tú bien vales el esfuerzo que tendrás que hacer si quieres dejar de aislarte del mundo y desarrollar las conexiones y el amor que tanto deseas.

Hazte las siguientes preguntas:

- ¿Tienes la sensación de que te escondes y te aíslas cuando las cosas se complican? Si es así, ¿por qué?

- ¿Hay algún testigo compasivo en tu vida? Si no lo hay, ¿se te ocurre alguien con el potencial necesario para serlo? ¿Quién es y qué lo convierte en un posible testigo compasivo?

- ¿Necesitas hacer una limpieza en tu lista de amistades e invertir tus esfuerzos en una o dos de las que ya tienes?

- ¿Puedes comprometerte a practicar la empatía? ¿Cómo?

- Si tienes problemas con el tema de la amistad, ¿cómo puedes cuidarte más para que la voz crítica no te afecte?

3

Comprobaciones: ¿Aún te funcionan los mecanismos de insensibilización?

Conozco a mucha gente que quiere ser más feliz. Si le sumamos paz y libertad tenemos el triplete de la euforia.

La felicidad es genial, ¿verdad? ¿Quién no quiere ser feliz? La alegría, la dicha, el optimismo, el amor... Es como si se reunieran tus amigos con tu comida y tu música favorita y organizaran una fiesta en tu honor.

Pero ¿qué ocurre con otros sentimientos más complejos, como el miedo, la ansiedad, la tristeza, la decepción y el estrés? No son tan divertidos ni tan dignos de una fiesta como los otros. Así pues, ¿qué hacemos con ellos? Bueno, pues los envolvemos bien envueltitos y nos deshacemos de ellos, hacemos lo que haga falta para que no existan. Es un hábito que muchos de nosotros llevamos practicando y perfeccionando toda la vida.

Sin embargo, si algo sé es que la felicidad, e incluso la paz y la libertad, se transforman en sentimientos reprimidos y asfixiados si no dejamos que el resto de emociones y experiencias también se aireen. Las cosas más duras, las que enterramos y de las que intentamos huir, son la clave de la felicidad y la curación.

Dicho de otra forma más sencilla, nos volvemos insensibles

porque no queremos sentir. Nunca he conocido a alguien que se emocione o exclame «¡Qué ganas!» cuando le toca enfrentarse a esas emociones más complicadas. Preferimos evitarlas como sea y, cuando no queda más remedio que plantarles cara, querríamos poder pensar y hacer como método para solucionar nuestra vida. Tú danos una lista, que nosotras rumiaremos y cumpliremos cada uno de los puntos. Pero cuando toca sentir, no, gracias. La razón evidente es que duele. Sabemos que no hay que poner la mano en el fuego. Sabemos que no hay que llevar zapatos de tacón dos tallas más pequeños. Cuando somos conscientes de lo que nos hace daño, tendemos a mantenernos alejadas. Cuando de lo que hablamos es de dolor emocional, rara es la persona que entra en la cueva con los ojos y los brazos abiertos, lista para aceptar lo que sea. Casi todo el mundo prefiere atarse bien fuerte a un cohete y partir hacia otro planeta.

La insensibilización, hasta casi los cuarenta años, fue el hábito que yo elegí. Cuando el dolor y las dificultades hacían acto de presencia en mi vida, casi podían verse las chispas que salían de mis zapatos de lo rápido que corría en dirección contraria.

Vivir en continua recuperación de un desorden alimentario, un problema de codependencia, de alcoholismo y de adicción al amor me ha permitido tener una experiencia muy directa con la insensibilización, al menos con la forma que la bestia adoptaba en mi vida. A los veinte años tendía a disociar, porque era lo único que sabía hacer. El miedo, la rabia, el arrepentimiento, la ansiedad, el resentimiento, el dolor, la vergüenza y la vulnerabilidad me resultaban muy confusos, me daban mucho miedo y no formaban parte del menú que era mi vida en absoluto.

Quizá alguien ha leído esa lista de sentimientos y ha pensado: «Pues no, gracias, prefiero comerme un buen trozo de pastel, beber una copa de vino o perder el tiempo con el móvil hasta que todas esas emociones desaparezcan por siempre jamás, amén». Ese fue mi razonamiento durante años y años y, al mismo tiempo, era incapaz de entender por qué mi vida no iba tal y como yo deseaba. Yo solo quería tener relaciones profundas de verdad (aunque, en realidad, la sola idea me resultaba aterradora), que las cosas fluyeran con naturalidad y sentir que era feliz. Y no iba por buen camino, por eso perdí el tiempo tratando de conseguirlo por otras vías (ver capítulos 8 y 10), mientras al mismo tiempo me cabreaba cada vez más cuando las cosas no salían como yo quería (ver capítulo 12). Por eso me fui desconectando y el ciclo siguió repitiéndose una y otra vez.

Puede que el proceso mental de otras personas no sea tan trágico como el mío. Una de mis clientas que tenía problemas con la insensibilización solía decir: «Al terminar el día, solo quiero desconectar, alejarme mentalmente de mi vida hasta algún lugar en el que no sienta la presión de ser madre». Yo lo llamaba «minivacaciones» y también lo hacía. Al cumplir los treinta años, cualquier presión, estrés o incertidumbre (lo que viene a ser la vida, vamos) me hacía pensar de forma automática en un buen vaso de vino que me ayudara a evadirme hasta ese lugar mágico en el que podía perderme durante un par de horas sin preocuparme por nada y sin sentir el peso de la vida. Era una forma de desconectar. En cuestión de muy poco tiempo empecé a beber a diario para poder enfrentarme al día a día y a todas las chorradas que llevaba décadas acumulando en el subconsciente y con las que no había lidiado desde entonces. La basura se iba acumulando como en un vertedero.

Tanto si recurres a la insensibilización porque odias tu vida como si lo haces para poder soportarla, el remedio consiste en revisar todos esos problemas que te niegas a ver, caminar entre ellos, sentirlos y seguir avanzando. Es posible que más de una persona quiera ahora mismo atizarme un puñetazo, pero es la verdad. Cuando aprendas a gestionar todas esas emociones, la vida funcionará mucho mejor, serás más fuerte y te sentirás más feliz.

Con el tiempo, llegará un momento en el que te darás cuenta de que la insensibilización está estropeando tu vida. Quizá ya estás ahí, en ese lugar en el que el dolor que te provoca reprimir los sentimientos supera al miedo a enfrentarte a tus miedos, sean los que sean.

Hundir las manos y remover la realidad y la crudeza que emana de la condición humana es la libertad y la felicidad que tanto ansías.

Me encanta esta frase del libro *Cuando todo se derrumba*, de Pema Chodron: «Solo en la medida en que nos exponemos a la aniquilación una y otra vez podemos hallar en nosotros aquello que es indestructible».

Solo en la medida en que nos exponemos a la aniquilación una y otra vez podemos hallar en nosotros aquello que es indestructible.

PEMA CHODRON

En mi último libro incluí un capítulo sobre cómo toda la sabiduría no es más que dolor sanado. Muchos tenemos modelos que admiramos, personas cuya sabiduría querríamos poseer. Leemos sus libros y asistimos a sus seminarios. Y luego está esa gente a la que llamamos cuando nos parece que todo se va al garete. Siempre tienen una visión privilegiada, sea cual sea la situación, además del consejo perfecto (tanto si lo ponemos en práctica como si no). Pero no son así porque en sus vidas todo haya funcionado como la seda. No son los más afortunados y su sabiduría no les viene de nacimiento ni la han recibido por obra y gracia de un hada madrina, sino que en algún momento sus vidas se vinieron abajo, se enfrentaron a ello en lugar de salir corriendo y salieron victoriosos de la experiencia. Acumularon tanta luz porque tuvieron que atravesar la oscuridad. Una de mis palabras favoritas es OPOC,* que significa «otra puñetera oportunidad para crecer». Las OPOC se dan con cierta frecuencia; podríamos considerarlas invitaciones. No mejoramos como personas cuando hace buen tiempo y la vida es un desfile de unicornios rodeados de arcoíris. Mejoramos cuando todo se va al traste y no tenemos más remedio que recoger los pedacitos y recomponer nuestra vida.

No mejoramos como personas cuando hace buen tiempo y la vida es un desfile de unicornios rodeados de arcoíris. Mejoramos cuando todo se va al traste y no tenemos más remedio que recoger los pedacitos y recomponer nuestra vida.

El dolor emocional puede ser como el físico: nos avisa de que algo no va bien. Llama nuestra atención, nos informa

* Del inglés AFGO o «*another fucking growth opportunity*». (*N. de la T.*)

de algo importante y nos dice si deberíamos cambiar algo en nuestra vida o no.

¿Y si nos imaginamos que esos sentimientos son personas? Un mensajero en bicicleta, por ejemplo (supongamos que es Ryan Gosling). Se acerca y nos susurra al oído: «Eh, tú. Esa persona acaba de tratarte fatal. Eso no está bien. Ya va siendo hora de que establezcas unos límites, de que le digas lo que piensas. Sé que te ha hecho daño y que estás triste».

Estoy bastante segura de que no se te ocurriría quitarte a Ryan de encima ni decirle que hiciera el favor de coger su bicicleta y largarse. Le invitarías a un café y prestarías atención a lo que tuviera que decirte. ¿Que he de reconocer que me han tratado mal? Sí, Ryan, soy toda oídos. ¿Que establezca los límites? Mmm, no me gusta la idea, pero sí, parece necesario. ¿Que le diga lo que pienso? Complicado, pero creo que puedo.

Ya sé que no siempre es tan claro ni tan simple, pero a veces sí y, con un poco de práctica, se va perdiendo el miedo.

Todas las formas de insensibilización

Algunos mecanismos habituales de insensibilización, como la comida, el alcohol, las drogas, las compras, el juego, el trabajo y el ejercicio, son muy conocidas. Otras igual de conocidas pero de las que no se habla tanto son internet (¿a alguien le suena la palabra Facebook?), el amor (sobre todo del malo) y el sexo, la cafeína, los negocios, fingir que somos felices e incluso a veces —¿me atreveré a decirlo?— la autoayuda.

Puede que utilices uno en concreto o una combinación de

todos ellos. La cuestión es no pensar en ellos ni machacarte por muy larga que sea la lista de comportamientos insensibilizadores; la cuestión es saber cuáles son los tuyos. Lo sé, parece una locura, pero sigue leyendo...

INSENSIBILIZACIÓN *VERSUS* CONSUELO

Lo más complicado de este hábito es que muchas de las cosas a las que recurrimos para insensibilizarnos son las mismas que usamos cuando pretendemos consolarnos, pero si no somos capaces de controlarnos entramos de lleno en el territorio de la disociación. ¿Es un consuelo lavar los platos? Qué dices, mejor pasémonos tres horas desinfectando la casa de arriba abajo y no vayamos a la cena que tenemos esta noche. ¿Hemos tenido un mal día y nos hemos metido en Facebook para intentar olvidarlo, aunque solo sea durante un rato? Un mes más tarde, nos damos cuenta de que pasamos más tiempo en Facebook que interactuando con personas de verdad en el mundo real.

¿Cómo se aprende a distinguir entre el consuelo a uno mismo y la insensibilización para no sentir rabia, miedo y otras emociones igual de desagradables? Primero hay que ser consciente del letargo en el que estás cayendo. Cuanto más hayas avanzado en el viaje hacia tu desarrollo como persona, más fácil te resultará reconocer los síntomas. Mucha gente es capaz de ver el telediario y no darse cuenta hasta una hora después de que se han comido una bolsa entera de patatas. O se niegan a reconocer que cuatro copas de vino cada noche es bastante más de lo que deberían tomar.

Pregúntate lo siguiente: ¿qué significa cuidar de ti misma? ¿Hincharte a magdalenas? ¿Beber chupitos de whisky? Yo no voy a decir nada; tú ya sabes cuál es la respuesta.

Es un problema importante, sin duda. ¿Dónde está el límite? ¿En la cantidad de tiempo que invertimos en esa actividad que nos insensibiliza? Ojalá pudiera dar una respuesta, pero no sé cuál es el comportamiento en concreto para cada persona. Eso solo lo sabes tú. Seguramente te das cuenta cada vez que lo repites. Ahí está la respuesta.

Habrá momentos en los que serás consciente de que estás desconectando y lo harás de todas formas. Cuando pase eso, no hay que resistirse. Aprovecha la situación para comprobar si te resulta útil o si acabas sintiéndote peor. Llámalo insensibilización consciente, evasión voluntaria o lo que sea. Pregúntate si el objetivo es cuidar de ti misma o si se convierte en algo crónico.

Mi objetivo es que, al final de este capítulo y del libro entero, seas más consciente de cuáles son tus detonantes, que sepas cuándo estás desconectando y hagas todo lo posible para sustituir el proceso por otro comportamiento distinto. Y que, ya de paso, seas más compasiva contigo misma.

POR QUÉ TE ESTÁS INSENSIBILIZANDO

Antes de empezar a trabajar en esto, hay una pregunta muy importante que debes hacerte. Coge tu diario o escribe en los márgenes del libro, si lo prefieres, y responde a la siguiente cuestión:

¿Cuál es el problema que crees estar resolviendo mediante _____ *(escribe aquí tu mecanismo insensibilizador)?*

En otras palabras, ¿qué es lo que intentas expulsar de tu vida cuando bloqueas tus sentimientos? Seguro que respondes al instante algo tipo «el estrés», pero yo quiero saber qué más. ¿Qué se esconde debajo de ese estrés? ¿Qué ocurriría si sucumbieras a la presión y te sepultara? ¿Qué encontraríamos debajo? Seguramente cosas como el fracaso, el miedo, la ansiedad o la autocrítica. Un montón de experiencias y sentimientos a los que te niegas a enfrentarte y por eso es más fácil guardarlos en un cajón y olvidarlos.

Muchas mujeres caen en la insensibilización porque sienten la presión de tener que ser perfectas o porque les da pánico la idea de perderlo todo. Las razones varían de una a otra, por eso creo que es importante que cada una conozca su «por qué» y lo investigue a fondo. Aunque no averigües la razón concreta o la explicación solo sea «porque estoy asustada», ya es un paso adelante.

Cuando nos insensibilizamos, nos alejamos de nosotras mismas. La conclusión es que nos distanciamos de nuestra humanidad. Desde las expectativas que somos incapaces de alcanzar hasta las historias que nos inventamos sobre cómo debería ser nuestra vida en realidad. Desde la velocidad con la que nos decimos que deberíamos ser capaces de «salir de esta pésima situación» hasta la aprobación que en el fondo sabemos que buscamos en los demás.

Porque vivir con todo eso, con los defectos y las imperfecciones propias de la condición humana, es incómodo, incierto y da miedo. Pero es lo único que tenemos y ahí es donde está la solución que estamos buscando.

Sería absurdo no mencionar otro motivo específico por el que las mujeres tendemos a anestesiar nuestros sentimientos:

los estereotipos (no es que no haya estereotipos masculinos, es que en su caso es un poco diferente). En la cultura norteamericana, la «sensibilidad» es vista como una debilidad. Recibimos el mensaje de que nuestras lágrimas son fruto de la histeria, que somos demasiado emotivas o exageradamente sensibles, lo cual acaba convirtiéndonos en criaturas inestables.

Como queremos sobrevivir siendo la única mujer en el trabajo, o con esa pareja que ningunea nuestros sentimientos, o poniéndonos la careta y haciéndonos las fuertes (ver capítulo 9), adormecemos nuestras emociones.

Y ahora ¿qué? Una vez que conocemos el porqué, ¿qué hay que hacer? Vale, remángate la camisa, porque estás a punto de aprender a sacar todo lo que llevas décadas guardando en la maleta. El contenido (todo lo que probablemente consideras desagradable) forma parte de ti y es maravilloso justo por eso. ¡Pongámonos manos a la obra!

Cómo solucionarlo. Ocho herramientas muy útiles

Jamás se me ocurriría decir «DEJA DE INSENSIBILIZARTE» y pretender que con eso todo vaya a ir bien. Sería como echarte de un coche en pleno invierno y como Dios te trajo al mundo. Sentir lo que sientes es un proceso adquirido a lo largo de toda una vida, lo que significa que estás a punto de desaprender años, puede que décadas de hacer las cosas de otra manera. Así que coge pañuelos, un diario, un saco de boxeo y puede que un chupete para cuando te acurruques en el suelo en posición fetal. Es broma. Bueno, más o menos.

La primera herramienta consiste en enunciar en voz alta cada sentimiento cuando lo estés experimentando. Esto me lo aconsejó Susan Ariel Rainbow Kennedy (alias SARK). Me dijo que escogiera una sola palabra, como «tristeza», «alegría» o «resentimiento». Quizá parezca absurdo, pero sé de mucha gente que no sabe por dónde empezar y que está tan perdida con respecto a su cuerpo que ni siquiera es consciente de que está sintiendo algo. Esta práctica tan rudimentaria ayuda a empezar de cero.

La segunda herramienta es lo que a mí me gusta llamar «práctica de la emoción controlada». Elige un día en el que tengas unas horas libres y sepas que nadie te va a molestar. Ponte un disco de Adele, saca las cartas y las fotos antiguas, rebusca entre tus recuerdos y déjate llevar. Puedes llorar, gritar, patear la almohada, coger el bate de béisbol y arrearle al saco de boxeo. Vale cualquier música o sonido que te lleve a ese estado mental y emocional. En mi caso, la ducha siempre es un lugar seguro en el que sentarme y llorar. Cada una debe escoger un sitio, el que quiera, y dejarse arrastrar por las emociones.

Mi colega y amiga Laura Probasco, trabajadora social clínica, dice lo siguiente: «La práctica de la emoción controlada y/o la liberación del trauma puede ser una parte crucial del proceso de curación. Como humanos, tendemos a almacenar los traumas y las emociones entre los recuerdos, que normalmente están guardados a buen recaudo o reprimidos para protegernos de la realidad del dolor que nos invade. Cuando nos permitimos revisitar esos pensamientos, no solo nos enfrentamos a ellos, sino que nos curamos».

La gente se pone muy nerviosa con la práctica de la emoción controlada porque cree que se quedará atrapada. Piensa: «Si recorro ese camino, si me expongo de forma voluntaria a llorar por ese tema, no sé si seré capaz de cerrar las compuertas». Una vez, una de mis estudiantes, Cheryl, me confesó: «Siento como si tuviera un "agujero negro" en mi interior. Me da miedo abrirlo porque no sé qué hay dentro. No quiero perder el control y que el dolor acabe matándome. No entiendo qué hace ahí, aunque sé que lleva en el mismo sitio desde hace mucho tiempo, y creo que por eso me da vergüenza su sola existencia. Es duro, porque no quiero que nadie, incluida yo, sepa lo mucho que sufro. Luego pienso que estoy tan destruida que no sé por qué alguien querría estar a mi lado».

Para algunas, asomarse al abismo de su dolor puede ser una tarea imposible, y eso es algo que nunca me tomo a la ligera. Lo más probable es que en el fondo del abismo haya traumas y duelo o, como mínimo, un dolor tremendo. Es normal que lleves tanto tiempo escondiéndolo ahí. Has cuidado de ti misma como has podido, que en este caso ha sido reprimiéndolo.

Pero lo cierto es que la única forma de superar un sentimiento es abrir las compuertas, dejarlo entrar y, a partir de ahí, superarlo. Los sentimientos son mensajeros: lo único que quieren es ser escuchados, aceptados y dominados.

La cuestión es que ese agujero negro lleno de dolor no va a desaparecer por arte de magia. Entiendo lo paralizante que puede llegar a ser la sola idea de abrir las compuertas o, peor aún, dejar que alguien lo vea. No hace mucho, después de hacer parte de mi trabajo personal, me di cuenta de que cargaba con un dolor muy importante que aún no había procesado. Me preocupaba muchísimo soltarlo por miedo a que me sepultara. Aun así, sabía que si no lo procesaba acabaría consumiéndome, además de robarme la felicidad, así que decidí recurrir a la práctica de la emoción controlada. Después de darle muchas vueltas, decidí que mi mejor amiga, una de mis testigos compasivas, participara en el proceso.

Si hubiera dependido de mi voz crítica, lo habría hecho sola (después de aplazarlo durante, ¿cuánto, cincuenta años?). Pero sabía que, si invitaba a mi amiga para que lo presenciara, nuestra relación saldría reforzada y yo podría curarme.

Insisto: ya sé que mi ejemplo no tiene por qué funcionar en otros casos, pero quiero que todo el mundo sepa que es posible conseguirlo. Hace años, yo era igual que Cheryl. Les tenía pánico a mis sentimientos. Me superaban, no me sentía capaz de controlarlos. La sola idea de mostrárselos a otra persona se me antojaba ridícula. Pero es posible si avanzamos pasito a pasito.

La tercera herramienta consiste en entender que la experiencia puede resultar confusa. Es habitual sentir más de una emoción al mismo tiempo, o que estas se transformen de una a otra en cuestión de minutos. Queremos certezas. Cuando le digo a alguien que trabaje la confianza y los sentimientos, lo mínimo a lo que aspira es a saber qué está sintiendo exactamente. Te pido que estés bien aunque tus sentimientos no tengan mucho sentido.

La cuarta herramienta es aceptar que tus sentimientos merecen existir. ¿Alguna vez has comparado tu dolor con el de otra persona y has llegado a la conclusión que el tuyo era peor o, por el contrario, que no era tan malo como el de la otra persona y, por tanto, no tenías derecho a sentirte mal? Muchas mujeres sienten que sus historias no son tan terribles como las de aquellos que sí conocen el dolor de verdad, y por eso se convencen a sí mismas de que no pasa nada si no expresan sus sentimientos.

Como persona consciente de mis privilegios y de mi buena suerte, entiendo el concepto. ¿Quién soy yo para sentir dolor cuando el mundo está lleno de gente que sufre mucho más que yo? Es verdad, el mundo está lleno de gente que sufre. No se trata de hacerse la mártir y publicar en Facebook: «Dios mío, contemplad todos mi dolor. Es un diez en una escala del uno al diez. ¿Y el vuestro?».

Por favor, no. Lo que sí sé es que esconder todos esos sentimientos porque crees que no merecen ser sentidos es una forma de asfixiarte a ti misma. De seguir siendo pequeña e insignificante. De meterte en una caja. Y eso no es bueno PARA NADIE, y menos para ti. ¿Crees que estás aliviando el dolor de otros ignorando el tuyo? Porque no es así. Lo que haces no sirve para nada. Lo que consigues es menguar tu alma, negarte el acceso al amor, la expansión, el crecimiento y la felicidad, y, con un esfuerzo heroico, intentar ser pequeña e insignificante para que los demás no se sientan incómodos. Bueno, pues ¿sabes qué? Nadie quiere que hagas eso. Nadie te va a dar las gracias. Es una tontería como una casa de grande, así que déjalo.

También es muy común creer que nuestros sentimientos son erróneos. Puede que aún se te salten las lágrimas al recordar a alguien que murió hace más de diez años. Aunque, después de tanto tiempo, deberías sentirte «mejor». O puede que alguien te haya hecho daño y estés intentando convencerte de que esa persona no merece que lo pases mal por ella. Pero no puedes evitarlo. Intenta averiguar si estás «votando» o juzgando cuáles deberían o no deberían ser tus sentimientos.

La peor forma de juzgar nuestros sentimientos es pensando que no deberíamos tenerlos. ¿Qué tal si dejamos de hacerlo? ¿Y si los sentimientos fueran como el sudor o los estornudos? No se pueden contener (a veces, cuando intentamos contener un estornudo, se nos escapa un pedo; está claro que algo va a salir sí o sí). Los sentimientos y las emociones son la forma que tiene nuestro cuerpo de decirnos lo que necesita. ¿Y si intentamos aceptarlo?

La quinta herramienta consiste en averiguar si estás aceptando las recetas emocionales de los demás. Cuando descubrí que mi primer marido tenía una aventura con otra mujer desde hacía siete meses, me sentí muy humillada. Se lo expliqué a algunas personas de mi entorno y la respuesta que recibí fue: «¡Tú no tienes por qué sentirte humillada! ¡El que ha metido la pata es él! Es él quien debería sentirse fatal». Yo no entendía nada, porque estaba segura de no haber hecho nada malo y, aun así, esas personas me decían que la que me equivocaba era yo por sentirme humillada. Pero esa era mi experiencia. Mi sentimiento. Me sentía humillada y ya está.

Cuando alguien te dice cómo deberías sentirte, seguramente lo hace con buena intención y/o porque no puede evitar proyectar en ti lo que sentiría él o ella si estuviera en tu lugar. Los humanos somos seres extraños: nos cuesta gestionar los sentimientos ajenos, por eso metemos tanto la pata.

Lo importante aquí es que tus sentimientos son solo tuyos y nadie tiene derecho a mangonearnos.

La sexta herramienta es tener curiosidad por lo que sentimos. Recuerdo que una vez escuché a una mujer en un podcast hablando de su historia con el alcoholismo y explicando cómo llegó a perder a sus hijos hasta en dos ocasiones por culpa de los errores que cometía cada vez que se emborrachaba. Mientras la escuchaba, no solo la juzgué, sino que me enfadé muchísimo con ella. ¿Por qué no arreglaba sus problemas? ¿Cómo podía hacerles algo así a sus hijos y luego seguir metiendo la pata? Al sentir esas emociones, me entró la curiosidad y decidí interrogarme: «¿Por qué me siento así? ¿Me da miedo que me pase lo mismo? ¿Su historia es un reflejo de lo que podría ser la mía?». Cuando sentimos curiosidad por nuestros sentimientos, decidimos cavar más profundo para averiguar qué es lo que está pasando en realidad y, al mismo tiempo, nos damos permiso para sentir lo que sentimos. Ojo, no me juzgué por sentirme así, solo quise saber el porqué.

Esto es especialmente útil si descubres que estás juzgando tus propios sentimientos y haciéndote sentir mal por tenerlos. Hay mucha información ahí que podría ser de gran ayuda, pero solo si primero sientes curiosidad e investigas.

La séptima herramienta es hablar de tus sentimientos. Aquí no se libra nadie. Puede ser con un terapeuta, un compañero, tu mejor amiga o tu madre. Cualquier persona en la que confíes y que sepas que será capaz de ver y escuchar tu dolor y todo lo que sientes. En el capítulo 2 profundizo mucho más en el uso de esta herramienta, porque es algo que no me tomo a la ligera. No se trata de vomitarle todos tus secretos más oscuros a un repartidor, sino de conocer y confiar en la persona correcta.

Una de las emociones más devastadoras es la soledad. A veces, te sientes sola aunque estés rodeada de gente. Deberías preguntarte: ¿estoy colaborando en adormecer mis sentimientos al no compartirlos con nadie? ¿Los estoy almacenando lejos de mí al mantenerlos en secreto? Si es así, no servirá de nada, aunque ahora te lo parezca. A veces nos da miedo hablar de las emociones, pero encerrándolas y tirando la llave solo conseguimos que se infecten y que crezcan, además de sentirnos muy solas.

Y **la octava herramienta** consiste en aprender a confiar en ti misma y en tus emociones. Esta forma de sentir es nueva para mí, y me alegro mucho de que alguien me diera con ella en la cabeza. Me explico...

Yo había llegado a un punto en mi vida en que estaba cansada de huir de mis sentimientos y no llegar a ninguna parte. Cuando superé mi alcoholismo y dejé de beber para anestesiar mis emociones, muchos de mis problemas de siempre fueron aflorando poco a poco. El miedo, los remordimientos, la pena, la ira, la decepción, por nombrar algunos; todas esas maletas que yo había ido llenando con el tiempo y que ya no tenía dónde esconder. Por fin había dejado de huir. Era el momento de plantar cara a los problemas y vadear la corriente. Sabía que tenía que superar mi insensibilización crónica, pero no me di cuenta de qué conllevaría el proceso.

Abordé las primeras emociones cuando aparecieron, aunque no de buena gana. Al principio fue como una tormenta de proporciones épicas. Los sentimientos aparecían de la nada y, a veces, me podía el pánico. Mi primera reacción fue la ira. ¿En serio me había quedado sin nada? ¿Sin ningún mecanismo que me ayudara a insensibilizarme? Me sentía desnuda, expuesta, frustrada. Me habría sentido más segura huyendo de allí y escondiéndome.

El motivo de la extrema inquietud que me provocaba la idea de adentrarme en aquel territorio desconocido era que no confiaba en mis propias emociones. Al igual que en la historia de Cheryl de este mismo capítulo, cuando dice: «Siento como si tuviera un agujero negro en mi interior. Me da miedo abrirlo porque no sé qué hay dentro. No quiero perder el control y que el dolor acabe matándome». Sabemos, solo con mirar hacia el interior del agujero, que lo pasaremos mal, y no nos imaginamos lo durísimo que sería saltar al interior con los ojos abiertos.

Que conste que no quiero que nadie se tire de cabeza al agujero. ¿Qué tal si damos un primer pasito que consistiría en estar atentos cada vez que sintamos la necesidad de bebernos una copa de vino (o la botella entera) y no flaquear. O, cuando sintamos la tentación de decir «Estoy bien, de verdad, no pasa nada» y salir corriendo hacia el centro comercial, describamos lo que estamos sintiendo? Poco a poco, paso a paso, empezaremos a confiar en nosotras mismas y sabremos que, al final, todo irá bien.

A veces, mejor que bien. Mi amiga Holly, una mujer que admite abiertamente haber recurrido a todo —comida, tabaco, alcohol— con tal de insensibilizarse, ha trabajado de forma incansable para dejar de anestesiarse. En su caso, abandonar la bebida le cambió la vida. «Todo lo que había ansiado a lo largo de mi existencia lo conseguí en cuanto tomé una decisión drástica: dejar de beber. A partir de entonces, todo lo que había soñado, de manera equivocada, fue materializándose. Hoy en día, mi vida no se parece en nada a la de antes. Y todo porque decidí dejar de anestesiar mis emociones y plantarle cara a la vida.»

Lo cierto es que nadie se muere por sentir. Nadie se muere por atravesar el fuego y dejar que las emociones hagan su trabajo. Lo que asusta es el miedo a lo desconocido, pero estoy segura de que lo que tanto ansiamos —que el dolor no sea tan intenso— está al alcance de la mano si dejamos que las emociones hagan su trabajo. El cuerpo sabe qué hacer. Cada una de nosotras sabemos qué hacer. Solo necesitamos un poco de confianza y avanzar hacia el objetivo.

Estoy segura de que lo que tanto ansiamos —que el dolor no sea tan intenso— está al alcance de la mano si dejamos que las emociones hagan su trabajo.

¿Y lo realmente difícil?

Ya hemos cubierto las presiones del día a día, pero ¿y lo realmente difícil? Mientras escribía este libro, mi padre murió. Yo llevaba cinco años sin probar el alcohol y siempre me había preguntado cómo reaccionaría al enfrentarme a algo tan duro como la muerte de un ser querido. ¿Recaería? ¿Querría volver a beber? Y además de la bebida, ¿retomaría alguno de mis comportamientos insensibilizadores?

La noche que murió mi padre estaba sola con él. Había

tenido visitas y mi madrastra se había marchado a casa media hora antes para ducharse y dormir un poco. Exhaló su último suspiro mientras yo le tocaba una canción de Bob Dylan y le hablaba de mis recuerdos de infancia favoritos. En aquella época, fue una experiencia muy dolorosa.

En los días y las semanas siguientes entendí lo que la gente quería decir cuando afirmaba sentirse como si el mundo se derrumbara a su alrededor. Como si nada tuviera sentido. Sentía una presión insoportable en el pecho y no me hacía a la idea de que nunca más volvería a cantarme el «Cumpleaños feliz» ni me plantaría un beso en lo alto de la cabeza. Me ponía furiosa cada vez que oía que alguien era mayor que él, porque eso significaba que aquella persona iba a vivir más que mi padre.

Incluso cuando empecé a sentirme un poco mejor, a veces me quedaba sola en casa, me sentaba en el sofá y, con el tictac del reloj de fondo, me entraba el pánico pensando que quizá mi padre había intentado decirme algo importante en sus últimos instantes y yo no me había dado cuenta. Pánico a que mi padre ya no estuviera, pánico a que mis hijos no fueran a disfrutar de él mientras crecían. Si había demasiado espacio o demasiado silencio a mi alrededor, notaba que los sentimientos me devoraban entera.

En las semanas previas a su muerte decidí volver a mi ciudad natal, San Diego, para estar a su lado. Le envié un correo electrónico a mi amiga Martha Jo Atkins explicándole que mi padre se estaba muriendo y que yo estaba fatal. Una de las cosas que me llamó la atención de su respuesta fue esta: «Estar junto a tu padre en esta situación podría ser una de las experiencias más duras y significativas de tu vida. Será difícil,

pero tú puedes con esto. Y me alegro de que hayas corrido a
su lado y no en dirección contraria. Eso sí que es amor».

Correr hacia él y no en dirección contraria.

Porque lo cierto es que una parte de mí quería quedarse
en Carolina del Norte. Para evitar verlo apagándose poco
a poco. Para evitar el dolor de presenciar la muerte de mi propio padre. Para refugiarme en el trabajo, mantenerme siempre
ocupada y hacer lo que fuera necesario para desviar la mirada
y el corazón de aquel dolor que amenazaba con partirme el
alma.

Pero no lo hice.

Me subí a un avión y atravesé el país. En resumen, corrí
junto a mi padre. «Solo en la medida en que nos exponemos
a la aniquilación una y otra vez podemos hallar en nosotros
aquello que es indestructible.»

¿Cómo lo hice entonces y cómo sigo haciéndolo hoy en
día sin bloquear mis sentimientos? La respuesta es todo lo que
se ha dicho en este capítulo. Es saber que mis sentimientos
son los que son, y que no tienen nada de malo. He sentido
tristeza, pena, resentimiento, ira, remordimientos, furia, decepción, alivio, culpa, irritación y muchos más. He dejado
entrar un arcoíris de emociones y no las he juzgado ni he intentado buscarles un sentido. Me he responsabilizado de los
actos derivados de mis sentimientos. En otras palabras, no
puedo evitar lo que siento, pero puedo escoger cómo responder en cada caso y tratar a la gente en consecuencia. A veces,
la sola presencia de alguien o su respiración bastaba para
ponerme furiosa. Pero sabía que la ira sería pasajera y no quería mandar a esa persona a la mierda. Me he sentido confusa
por culpa del duelo y de otras emociones y tampoco ha pasa-

do nada. He hablado de mis emociones y he escrito sobre ellas.

Creo que lo más importante que he hecho es confiar en mí misma lo suficiente como para saber que mis sentimientos están bien, que yo estoy bien, y que todo esto es parte de la vida. La vida es preciosa y atroz al mismo tiempo. Pasar un duelo es como atravesar un fuego. Lo más seguro es que sea lo más terrible a lo que tengamos que enfrentarnos. Estamos convencidos de que no lo conseguiremos a menos que luchemos con uñas y dientes, o puede que, como no es lineal, nos parezca demasiado incierto.

Pero si de algo estoy convencida es de que esta especie de fuego, esta especie de dolor, de pena, todas las emociones juntas, es lo único que tenemos. Es la prueba más elocuente de la belleza de la vida que podemos experimentar.

Expresar emociones delante de los niños

Hablemos un poco sobre cómo expresar emociones delante de los niños. Yo crecí en una casa en la que no había modelos ni referentes de cualquiera de los sentimientos considerados «duros», como el dolor, la tristeza y la pérdida. Por tanto, tampoco sabía que no tenían nada de malo y, cuando aparecían, yo me asustaba. Me enseñaron que ser fuerte era una medalla que se llevaba con honor, y yo la portaba orgullosa. Pensaba: «Mira lo dura que soy; nadie puede romperme».

Casi dos décadas más tarde, cuando inicié mi andadura en el campo del desarrollo personal y tuve a mis hijos, supe que aquello no era sano. Quería enseñarles a vivir una emotividad más saludable, ser su modelo a seguir, pero no podía evitar preguntarme qué se le puede enseñar a un niño que sea sano y qué no. La amiga que he mencionado antes, Martha Jo Atkins, es experta en esa área. Es la fundadora del Death and Dying Institute, así que tiene alguna idea al respecto. En respuesta a mi pregunta sobre qué emociones enseñar a los niños y cuáles no, me respondió lo siguiente:

> Si tu proceso de duelo se manifiesta de forma que necesitas tirarte al suelo y gritar mientras pataleas y das golpes con los puños, eso asustará a los niños y no les estarás ayudando. Si tienes lágrimas en los ojos y emites sonidos apagados mientras alguien te abraza, ningún problema. Es muy útil hablar con ellos cuando ven lágrimas u oyen sonidos que no conocen para tranquilizarlos y que sepan que estás bien, aunque muy, muy triste. Seguramente tendrás que repetírselo más de una vez. Tus hijos necesitan ver un duelo sano. ¿Disimular las lágrimas, no dejar que te vean llorando, aguantarte porque quieres hacerte la fuerte? Muy loable, pero innecesario y poco útil para ti y para tus hijos. Necesitan un modelo a seguir, gente que les enseñe que, cuando pasa algo triste, también podemos compartir los sentimientos más dolorosos.

Creo firmemente que les hacemos un flaco favor a nuestros hijos si intentamos hacernos los fuertes delante de ellos. Lo hacemos porque queremos protegerlos, pero en realidad, si nunca les mostramos nuestras propias emociones, reciben el mensaje de que no son fuertes y por eso no están preparados para presenciarlas, además de que tampoco aprenden qué es la verdadera resiliencia de aquellos en los que más confían. De ti, por ejemplo. Enséñales a confiar en sus emociones y sentimientos convirtiéndote en un modelo a seguir. No siempre te saldrá bien, pero puedes intentarlo.

Cambiar el hábito de la insensibilización es vital para la felicidad. Naciste resiliente y capaz de transitar cualquier camino de la vida. También puedes crecer como ser humano desde el lado opuesto de las emociones más difíciles. La verdadera valentía se demuestra plantándoles cara a tus miserias en lugar de huir de ellas.

Hazte las siguientes preguntas:

- ¿De qué formas intentas insensibilizarte?

- ¿Por qué lo haces? No te quedes en la superficie y piensa qué hay debajo.

- De todas las herramientas de las que hemos hablado, ¿cuáles te resultan más difíciles? ¿Cuáles estás dispuesta a probar?

- Haz un seguimiento de las siguientes cuestiones:

  - ¿Y si nuestros sentimientos fueran perfectos para nosotras mismas?

  - ¿Y si no hubiera sentimientos buenos o malos?

  - ¿Y si sentir lo que sientes fuera parte de tu condición de ser humano?

4

Comparar y desesperar:
El juego mental de nunca acabar

Me comparo con los demás en todo momento. Hasta con los desconocidos. Tengo la sensación de que todo el mundo sabe lo que hace, que lo tiene todo pensado, atado y bien atado... menos yo. Me digo a mí misma que nunca tendré lo que quiero o deseo y que siempre estaré sola porque no soy de esa gente que consigue de la vida todo lo que le pide. No tengo tanta suerte como los demás; no soy lista, guapa ni divertida.

PAULA, 46 años

Ah, las comparaciones. El material del que está hecha la baja autoestima. Creo que nadie se libra de ellas, pero seguro que eso ya lo sabes. Ves a alguien —un perfil en internet, una compañera de trabajo, tu mejor amiga, una famosa en la tele, una desconocida caminando por la calle— y encuentras algo en lo que compararte. A veces son las cosas que posee, lo que está haciendo ahora y/o en el futuro, o su aspecto físico. Lo que ocurre consciente o inconscientemente es que te convences de que esa otra persona tiene algo de lo que tú careces, que es quien tú nunca podrás ser. Que lo que tiene, en el sentido que sea, es finito y no está hecho para ti. Además, te sientes fatal y/o te creas unas expectativas muy altas para poder llegar a estar a la altura de esa otra persona.

Un buen ejemplo: mi mejor amiga, Amy, está casada y tiene una relación maravillosa con su marido. Llevan veinte años juntos. Para ellos, su prioridad es la pareja y, como no han tenido hijos por decisión propia, pueden invertir toda su energía en el matrimonio. Arreglan sus diferencias como personas maduras y cuando estás con ellos te das cuenta de que se quieren muchísimo. De verdad que nunca he visto nada parecido.

Yo tengo lo que se conoce como una «relación normal». No es ningún secreto que llegué a este matrimonio (es el segundo) herida y trabajando para librarme de mucha porquería. Mi marido y yo tenemos dos niños en edad escolar. Bastante diferente de la vida de mi amiga, ¿verdad? Siento que tengo la suerte de tener una relación maravillosa y trabajamos cada día para que sea aún mejor. Pero hay ocasiones en las que me fijo en el matrimonio de Amy y no me siento tan a gusto con el mío: las notitas de amor que se dejan, el idioma secreto que se han inventado y las citas semanales (nunca perdonan una) a veces despiertan mi voz crítica. Lo que oigo es que yo también debería tener lo mismo que ellos, que no me estoy esforzando lo suficiente, que no soy una buena persona ni una buena esposa, y que mi matrimonio no es como debería ser. En este mundo en el que lo importante es tener más, ser más y hacer más, las comparaciones pueden ser una auténtica cabronada.

Cómo solucionarlo

Empezaré diciendo que nunca jamás, ni en un millón de años, se me ocurriría decirle a nadie que deje de compararse con los demás; la clave es saber gestionarlo. Aunque las redes sociales están llenas de citas inspiradoras sobre lo importante que es no caer en esa costumbre para ser feliz, las comparaciones no son más que una parte más de la experiencia humana. Juntas aprenderemos a gestionarlas para dejar de sentirnos mal y ser un poquito más felices.

Puedo decir sin temor a equivocarme que muchas de nosotras no usamos las redes sociales para sentirnos mejor con nosotras mismas, sino para que no se nos olvide que el mundo está lleno de gente que está mucho mejor que nosotras. Y lo cierto es que, y apuesto a que no es la primera vez que alguien lo dice, esas personas con las que nos comparamos están tensando los abdominales a propósito, posando durante unas vacaciones, besando a sus parejas y, en general, enseñando todo lo que tienen y los éxitos que están cosechando en sus vidas. Lo que no nos enseñan es lo que hacen la mayor parte del tiempo: sentarse en el inodoro con el móvil en la mano, conducir hacia el trabajo, luchar para educar a sus hijos, preocuparse por las cuentas del banco, sentirse hinchadas después de comer demasiado helado... Es decir, todas esas cosas tan normales que ocupan el 98 por ciento de nuestro tiempo. Por favor, date cuenta de una vez por todas de que lo que haces es comparar tu vida normal con los escasos momentos que la gente de las redes sociales decide compartir con el mundo. Es como si Michael Phelps compitiera con mi hija de siete años. Por mucho que confíe en su capacidad para hacer el perrito (por no hablar de sus pinos en dos palmos de agua), está claro que va a perder mi hija. ¿Eso la convierte en una perdedora? Pues claro que no. ¿Significa que nunca podrá participar en unos Juegos Olímpicos? No, tampoco. Dicho de otra manera, esa correlación no tiene ningún sentido, como tampoco la tiene comparar tu vida con la de la gente que ves en las redes sociales.

Lo que haces es comparar tu vida normal con los escasos momentos que la gente de las redes sociales decide compartir con el mundo.

Lo que hacemos cuando nos comparamos con los demás es convencernos de que por el simple hecho de que otra persona tenga algo distinto a lo que tenemos nosotros, algo que nos gustaría tener, ese algo nos está vetado. Yo misma caigo en la trampa cuando comparo mi matrimonio con el de Amy. Que mi amiga tenga una relación envidiable con su pareja no significa que la mía no pueda ser igual de maravillosa. Vigila, porque es probable que te estés inventando la misma historia que yo.

Cuando te comparas con los demás, casi siempre sales perdiendo. Rara vez te sumerges en ese mar de comparaciones que ocupan tu mente y piensas: «¡Uf! Menos mal que mi vida/cuerpo/casa/relación es tan genial, muchísimo mejor que la suya». Puede que pase de vez en cuando, pero no es la norma. Además, construir la confianza en una misma a partir de los defectos de los demás no es la forma más sana de apuntalar tu autoestima.

Valora tu éxito

¿Cada cuánto tiempo te tomas unos minutos libres para contemplar con orgullo todo lo que has conseguido? Este es un ejercicio que suelo practicar con mis clientas y siempre me sorprende que, cuando les hago la pregunta, me miran como si les hubiera pedido que me recitaran el himno nacional en latín. No solo les cuesta ver la importancia de reconocer sus logros y sus éxitos, sino que se sienten muy incómodas haciéndolo. Les parece que es una forma de alardear, que no están siendo humildes. Y no es de extrañar: como mujeres, hemos sido educadas para celebrar nuestros logros con discreción.

Cuando hagas este ejercicio, intenta que sea una lista lo más básica posible. Dicho de otra manera, quizá sientas la tentación de escribir «Conseguí el ascenso porque era la siguiente en antigüedad». No, no, de ninguna manera. En vez de eso, escribe: «Conseguí el ascenso». O, en lugar de «Me nombraron mejor vendedora de 2012 (pero el listón estaba muy bajo)», pon: «Me nombraron mejor vendedora de 2012». (Si este ejercicio te resulta muy difícil, presta atención al capítulo 6 sobre el síndrome del impostor.) La cuestión es que hiciste lo que fuera o no lo hiciste, no hay más. No se permiten calificativos ni excusas sobre cómo conseguiste cualquiera de los puntos de la lista.

Este inventario no está limitado a grandes éxitos, como ganar el Pulitzer o ser astrofísico de profesión. Empieza por cosas sencillas, como acabar la primaria o el instituto. Quizá, no sé, alguien ha estudiado química orgánica en la universidad, ha parido o adoptado un hijo, se ha mudado a otra ciudad, ha dejado de fumar, le ha quitado el pañal con éxito a un pequeño humano (que no es moco de pavo) o ha conseguido dominar el noble arte de hacerse la manicura francesa. ¡No hay ninguna tarea demasiado pequeña para formar parte de esta lista!

Ahora viene la parte divertida: trabaja para sentirte orgullosa de ti misma. Antes de saltar al siguiente capítulo, escúchame un momento.

Una de las razones por las que las mujeres experimentamos el orgullo como algo que nos hace sentir incómodas es la creencia de que equivale al narcisismo o a la fanfarronería. Es más noble ser humilde, pasar de puntillas por nuestros logros y concentrarnos en el siguiente punto de la lista. Pensamos para nuestros adentros: «A nadie le gustan las mujeres que se echan flores a sí mismas». Mejor pasar desapercibida y no llamar la atención.

No le pido a nadie que suba su lista de logros a Facebook, ni siquiera que la comparta con otras personas. Si te apetece y te sientes cómoda, adelante, estupendo. O si este ejercicio en concreto te está costando más de lo normal, puedes probar esto: imagina que nadie sabe nada de tu lista de logros, solo tú. Nadie la encontrará, pero, ya que estoy hablando hipotéticamente, si por alguna extraña razón alguien la encontrara, no reaccionaría de ninguna manera. En otras palabras y pensando en el ejercicio, nadie te juzgaría ni a ti ni a tu lista. Tu inventario de éxitos y logros varios no le interesa a nadie, solo a ti.

A continuación, repasa la lista y repite en voz alta: «Todo esto lo he hecho yo». Punto. Y ojo, ni calificativos ni excusas sobre cómo has conseguido cualquiera de los puntos. Sigue con: «Todo esto lo he hecho yo y estoy orgullosa de mí misma». Repítelo durante un minuto, sin olvidar que nadie opina nada de lo que estás haciendo. Tu lista y tu orgullo son solo para ti.

Seguramente te has pasado buena parte de tu vida pensando que los éxitos de los demás eran mejores que los tuyos. Pues ha llegado la hora de que les plantes cara a los miedos y te sientas orgullosa de ti misma por todo lo que has creado. ¡Porque es tu obra! Si te das permiso para sentirte satisfecha de los logros obtenidos, estarás ayudándote a manejar las comparaciones que tanto daño te hacen.

Controla lo que puedas

El año pasado tuve un ataque de *unfollows* en Instagram. Me di cuenta de que estaba siguiendo a muchas cuentas de esas que suben vídeos cortos de ejercicios físicos y también de yoguis que colgaban sus posturas diarias. Mi intención era utilizar los vídeos de ejercicios que viera e inspirarme en las posturas de yoga para abrir mi propio centro de yoga (risas enlatadas). Seguro que no le sorprende a nadie, pero después de seguir a toda esa gente durante varios meses, me di cuenta de que, de hecho, cada vez que abría Instagram me sentía peor conmigo misma y no más inspirada, que era la intención inicial. Mi cuerpo y mi elasticidad no tenían nada que ver con los de los profesionales del fitness y los yoguis que veía en la aplicación, y no solo eso: me di cuenta de que daba por hecho que sus vidas eran mejores que la mía. Porque, a ver, si eres capaz de subir tres peldaños de golpe y hacer una sentadilla, eres flexible y desprendes zen, todo ello en un vídeo de trein-

ta segundos, seguro que tienes una vida perfecta y maravillosa, ¿verdad?

Mi mente consciente sabía que eso no era verdad. Esas
personas tenían vidas y problemas como el resto de nosotros.
Pero, en el rato que me dedicaba a deslizar el dedo por la pan-
talla del móvil, no podía evitar sentir unas pequeñas descargas, como una sensación de inferioridad que, con el paso del
tiempo, me iba robando la felicidad.

Puede que tú también hayas sentido esas descargas; quizá
no a ratos, sino todo el día. Si se acumulan, pueden equivaler a
un sartenazo en toda la cabeza. Cada descarga por sí sola no
duele mucho, pero la acumulación acabará cobrándose factura.

Como sabía que seguir todos aquellos perfiles no me estaba ayudando en nada con mis ejercicios, dejé de seguirlos a
todos. Lo curioso es que mientras mi dedo sobrevolaba el
botón de «dejar de seguir», tuve un pequeño momento de
pánico y pensé: «A ver, si no los sigo, seguro que no me pongo
en forma». MADRE MÍA, VAYA TONTERÍA. Dejé de seguirlos, ignorando a mi voz crítica y sabiendo que el futuro de mi
salud física y mental no dependía del señorito Posturitas de
Instagram y de Todos los Santos. Reemplacé esas cuentas por
otras que me hicieran reír y no sentirme mal conmigo misma.

La vida real está llena de gente a la que estaría bien poder
hacerle *unfollow*. Obviamente, no puedes librarte de todos
aquellos que te despierten el hábito de las comparaciones,
pero piensa en cualquiera que esté en la periferia de tu círculo de amistades. Esa chica que trabaja en otro departamento
y con la que hablas un ratito todas las semanas, por ejemplo.
La que viste tan bien y tiene un novio maravilloso. Sí, mujer,
la del ascenso. O esa prima a la que solo ves en la reunión fa-

miliar anual, la que ha abierto un negocio y parece siempre tan feliz (¡cómo se le ocurre!). Si este tipo de gente te activa el mecanismo, si te sientes pequeña e insignificante cuando los tienes cerca, que sepas que no pasa absolutamente nada si no hablas nunca más con ellos. Date permiso para hacerlo.

Por supuesto, no podemos dejar de seguirlos a todos, pero pensemos un poco en aquello que provoca la comparación y que sí podemos controlar. Las redes sociales, por ejemplo. O la televisión. Tengo una amiga que es incapaz de ver el programa de las Kardashian sin sentirse mal consigo misma. Se compara en todo, desde las cuentas del banco hasta el pelo, y nunca se siente bien después de ver el programa. Por eso un día decidió no verlo más. Cualquier disparador, ya sea grande o pequeño, no hace más que sumar al conjunto, que es cómo nos sentimos con nosotras mismas.

Piensa también en lo que te resulte inspirador. ¿Cuelgas una foto tuya con diez kilos menos en la puerta de la nevera para «inspirarte» a comer mejor? ¿O así solo consigues sentirte fatal porque no puedes evitar comparar tu yo de antes con el de ahora? ¿Tus tableros de Pinterest están llenos de casas de ensueño, armarios de ensueño, relaciones de ensueño, todo de ensueño, y las observas con detenimiento para, acto seguido, cerrar la aplicación porque te sientes una fracasada? ¿Dónde está la línea? La definición de «inspirar» es producir o despertar un sentimiento o pensamiento. Estoy segura de que cuando piensas en crear algo que te inspire lo que pretendes es generar pensamientos positivos, ¿verdad?

Aquí el objetivo es darse cuenta de lo que estás haciendo para al instante poder elegir no perder la cabeza y sentir que eres el peor ser humano que existe sobre la faz de la Tierra.

En el capítulo 1 ya vimos qué es un mantra, que aquí también nos será muy útil. En este caso, lo vamos a usar para desviar la atención y evitar caer en la trampa de las comparaciones. Recuerda que un mantra no es lo mismo que una afirmación positiva. Una afirmación positiva sería decirte a ti misma lo increíble que eres cuando te estás comparando con Miss América, pero un mantra en el mismo contexto se centraría en captar la atención y sacarte del pozo de desesperación o, mejor aún, interceptarte antes de que acabes cayendo dentro.

Mi mantra favorito es «Bueno, pues ha pasado esto». Solo expone lo evidente, es neutral (ni me machaco ni soy positiva en exceso) y me permite dibujar una línea en la arena y elegir otro comportamiento distinto.

Aquí el objetivo es darse cuenta de lo que estás haciendo para al instante poder elegir no caer dentro de la madriguera del conejo y sentir que eres el peor ser humano que hay sobre la faz de la Tierra.

Por ejemplo, un día estaba mirando Facebook y vi una publicación de una compañera que también es coach. Ella abrió su consulta unos años antes que yo y se hizo muy famosa a través de internet. Decía que iba camino de Londres para participar en una conferencia. Con un par de clics, vi todos los lugares exóticos en los que había estado trabajando. Y luego estaba yo, que ni siquiera había salido de Estados Unidos. Nunca.

El proceso mental fue el siguiente: «Yo nunca tendré una carrera como la suya y, como no tiene hijos, seguro que su vida es un no parar de compras y balnearios, y va por ahí haciendo lo que le da la real gana». En menos de un minuto y por culpa de una publicación en Facebook (una), me había inventado una historia no solo sobre su vida, sino también sobre lo triste que era la mía en comparación, y también sobre mi futuro que, al parecer, pintaba muy mal. Después de desvariar durante varios minutos y sentirme cada vez peor, me di cuenta de lo que me estaba pasando. Me dije «Bueno, pues ha pasado esto» y cerré el portátil. Repito, no intenté darles la vuelta a mis pensamientos para regalarme el oído ni para decirme que tuviera paciencia, que algún día viajaría por todo el mundo dando conferencias. Se trataba de detectar el proceso, ser consciente de lo que estaba pasando y cambiar de dirección.

Hacer comparaciones puede parecer uno de los hábitos más difíciles de superar, pero con un poco de esfuerzo puede conseguirse y te sentirás mejor contigo misma.

Este es el testimonio de Dusti, una madre de veintinueve años:

> Llevaba unos seis meses escribiendo mi blog cuando empecé a compararme con el resto de compañeras del mundillo. Muchas tenían más experiencia y ninguna de las trabas a las que me enfrentaba yo. Lo intenté todo, desde imitar su estilo hasta cambiar mi apariencia por completo, y todo para convertirme en alguien que no era.
>
> Seguí igual hasta que, un buen día, decidí darme un respiro y buscar mi pequeño rincón en internet, un lugar en el que poder contar mi verdad, donde no me diera miedo ser yo misma sin tener que adoptar actitudes y poses ajenas. Otro elemento importante que me ha ayudado a superar la costumbre de compararme con los demás es que he madurado lo su-

ficiente como para saber que muchas de esas mujeres, debajo del maquillaje y del pelo perfecto, también son humanas.

Sigue habiendo momentos en los que me comparo con otras personas, pero ahora soy capaz de dar un paso atrás, recordar lo agradecida que estoy por todo lo que he conseguido y darme cuenta de lo lejos que he llegado. Liberarme del hábito de la comparación no solo me ha ayudado a sentirme más a gusto con mi vida, sino también a ser más creativa. ¡Esa forma de vivir la vida ya no va conmigo!

Las comparaciones pueden ser una energía muy poderosa y, al mismo tiempo, actuar como supresoras de la felicidad. Se trata de un hábito difícil de erradicar, pero tú siempre serás la jefa y podrás decidir hasta dónde quieres llegar con las comparaciones.

Sé consciente, utiliza tus herramientas, sigue practicando ¡y tus días se llenarán de felicidad!

Hazte las siguientes preguntas:

- ¿Con qué o con quién te sueles comparar más?

- ¿Qué cambios estás dispuesta a hacer para evitar caer en la costumbre de compararte con los demás?

- ¿Cuáles son tus logros? Haz una lista.

- ¿Hay algo que, de entrada, te parezca inspirador y, en realidad, te haga sentir mal? ¿Qué puedes hacer al respecto?

5

Los autos de choque de tu vida:
El autosabotaje

En la vida siempre llega un momento en el que tenemos claro lo que queremos. ¡Somos oficialmente maduras! Quizá estamos hartas de las relaciones tóxicas, nos hemos dado cuenta de los patrones que repetimos una y otra vez y por fin estamos preparadas para crear vínculos sanos y propios de personas adultas.

O queremos superarnos en el trabajo. Sabemos que podemos ganar más dinero, así que aceptamos más proyectos y empezamos a ascender en la jerarquía de la empresa.

Avanzamos por la vida satisfechas con nosotras mismas porque por fin nos sentimos dignas no solo de tener claro lo que queremos, sino de tener el valor de ir a por ello. ¡Arriba esas manos, chicas! ¡Chocad esos cinco!

Y es entonces cuando la cosa se pone interesante.

Tu relación de pareja va viento en popa, pero de pronto empiezas a pensar en todas las que acabaron mal. Es la primera vez que te pasa y no sabes cómo actuar. Temes que te valoren por todos tus fracasos, así que te escondes, desconectas y te distancias de tu pareja.

O puede que te vaya muy bien en el trabajo y eso te dé miedo. Sientes la presión y te preguntas: «¿Cómo voy a ser capaz de mantener este nivel?». La voz crítica aparece de repente y empieza a mangonearte, a decir que no te mereces un ascenso, que algunos de tus compañeros tienen más experiencia y más estudios, y que tarde o temprano acabarás metiendo la pata.

A veces hasta puede que hagas lo contrario a lo que sabes que deberías hacer para conseguir lo que quieres. No tiene ningún sentido, ni para ti ni para nadie, pero lo haces de todos modos. Provocas discusiones absurdas con tu pareja o empiezas a tontear con alguien. O, peor aún, eres infiel, a pesar de que tu relación te llena.

En el trabajo, boicoteas los proyectos y tratas mal a los clientes. En la fiesta de Navidad de la empresa, te emborrachas, le enseñas el tanga a todo el mundo mientras haces *twerking* y te enrollas con uno del catering. Sabes perfectamente que no es así como quieres que te vean tus compañeros, y eres consciente de que tus elecciones no son las mejores. Pero tú insistes.

Eso se llama autosabotaje. Es como montarse en unos autos de choque, pero de tu vida: vas dando vueltas por la pista, chocando con todo y contemplando el caos que dejas a tu paso. Pero, por desgracia, esto no es un juego. Es la realidad.

Es como si estuvieras intentando alcanzar un estado de homeostasis, el punto en el que te sientes más cómoda. Un lugar huidizo, bastante pequeño, poca cosa, donde la gente hable o donde duela cuando todo se derrumbe. Porque sabes que se va a derrumbar sí o sí, por eso intentas provocar lo inevitable y controlar tu destino reduciéndolo todo a polvo.

Antes de seguir adelante, creo que es importante señalar que hay dos tipos de autosaboteadoras: las conscientes y las inconscientes. Las primeras saben que sus acciones afectan negativamente a sus vidas y lo hacen de todas formas. A algunas no les da igual y quieren cambiar, pero no saben cómo. O les da igual, no están preparadas para enfrentarse al problema y cambiar. (Por cierto, esa gente es poco probable que esté leyendo este libro.)

Hablemos de Liz, por ejemplo: «Me doy cuenta de que, cuando me va genial con una pareja, con los amigos o con quien sea, intento sabotearlo para que nadie pueda hacerme daño. Me distancio o rompo la relación. Yo antes no era así, pero empecé a sabotearme a partir de mi divorcio. Le abrí mi vida y mi corazón a alguien y, al final, no funcionó. Supongo que no quiero que me vuelva a pasar. Siento que no vale la pena volver a tener ese nivel de cercanía con nadie».

O Rebeca, una joven madre soltera que me habló de una relación intermitente que mantenía desde hacía un par de años: «Es total y absolutamente dañina, lo sé». Sale con otra gente, pero cada vez que está sola, llama al mismo exnovio de siempre. «Cojo el móvil para mandarle un mensaje sabiendo que no debería hacerlo, que acabará mal, seguro, pero no puedo evitarlo.»

Liz y Rebeca son dos ejemplos de autosabotaje consciente. Saben que lo que hacen las perjudica, que si tomasen otras decisiones quizá tendrían la vida que quieren, pero aun así eligen de forma consciente estas opciones sabiendo cuáles serán las consecuencias.

Las autosaboteadoras inconscientes no se dan cuenta de que sus acciones son perjudiciales y las alejan cada vez más de lo que quieren. Es un comportamiento muy común en las relaciones de pareja, sobre todo en quienes están acostumbradas a las relaciones malsanas que acaban sumiéndose en el caos (me remito al ejemplo que hay al principio del capítulo). Empiezas una relación con alguien genial, emocionalmente sano (al menos en apariencia) y todo va sobre ruedas. De pronto, un día decides mandarle un mensaje a un exnovio preguntándole si quiere que le devuelvas su CD de las Spice Girls que acabas de encontrar y, eh, ya que estamos, ¿le apetece quedar para tomar un café y poneros al día? Te autoconvences de que es algo inofensivo. Además, seguro que necesita el CD y solo es un café, ¿verdad? Empiezan las disputas con tu novio y le echas en cara todo lo que hace mal. Cuando te das cuenta, te ha dejado, se acabó. Encima, quedas con el exnovio y enseguida recuerdas por qué lo dejaste. Al final, no entiendes por qué siempre acabas en la misma situación.

En otras palabras, te enfundas las botas militares y pisoteas tu felicidad y todo aquello que deseas en la vida. Echas la culpa a los demás, lo atribuyes a tus defectos o llegas a decir que lo que pasa es que tienes una «personalidad rebelde», pero lo cierto es que, en el fondo, hay algo más.

Lo hacemos por varias razones. Primero, porque hacer cosas de forma activa para alcanzar nuestras metas equivale a ser vulnerables. Puede que no salga bien, que no alcancemos nuestra meta, que fracasemos. Las relaciones se rompen. La gente dice cosas sobre nosotros que no nos gustan. Puede que consigamos nuestro objetivo y esa misma gente tenga algo bueno que decir al respecto, o que se sienta incómoda y calle. No existen garantías. Os conozco, y sé que os encanta que os garanticen los resultados. Somos adictas a las certezas (y enseguida nos calamos entre nosotras). Pero dejarse llevar y confiar en los demás y en el Universo resulta tan aterrador que no podemos, somos incapaces.

Esta es una de esas situaciones en las que las dos alternativas son un problema: podemos seguir como hasta ahora y sabotearnos (lo cual es, reconozcámoslo, un desastre) o podemos luchar por lo que queremos (que además de ser un desastre, da miedo). Con más frecuencia tendemos a apostar por la opción que mejor conocemos: seguir como hasta ahora y sabotearnos durante toda la vida. Parece una locura, demencial incluso, pero no nos gustan los cambios. Nos ponen nerviosas. Si seguimos igual, sabemos cuál será el resultado y, por extraño que parezca, eso nos hace sentir cómodas. Hasta que todo cambia.

Otra razón por la que te saboteas es porque no te gustas. El odio a una misma nos lleva a tener comportamientos que refuerzan lo patéticas que somos (en nuestra cabeza). En otras palabras, estás recogiendo pruebas, normalmente en el subconsciente, para demostrarte que no mereces que te pase nada nuevo y para minar la idea de que alguien pueda quererte. Un ejemplo: Rebeca, la chica que volvía una y otra vez con el exnovio que sabía que no era bueno para ella. Me atrevo a decir que no tenía muy buena opinión de sí misma, por lo que tomar buenas decisiones con los hombres le resultaba incómodo y ajeno. Estaba acostumbrada a sentirse como una porquería, así que es normal que volviera con el hombre que confirmaba sus creencias.

Puede que tú no te odies como Rebeca y que tu autosabotaje sea solo un mal hábito. Hacer ejercicio y comer bien son ejemplos típicos de esto. Sabes que deberías comer mejor y moverte más, sabes cómo hacerlo y hasta te has comprado una licuadora y un montón de verduras. Pero al final lo de las verduras se tuerce y pierdes tanto tiempo remoloneando que ni siquiera empiezas con lo del deporte. La falta de impulso te lleva a una falta de motivación, y ese es otro hábito difícil de romper. En cuestión de días, has vuelto a la comida basura y no sabes por qué.

CÓMO SOLUCIONARLO

Veamos, ¿cuál es el remedio? Si eres una autosaboteadora, permíteme que te explique qué necesitas para acabar con este comportamiento y dar tus primeros pasos en lo que será una vida de ensueño.

Admítelo y llámalo por su nombre

Vuelve la vista hacia atrás y revisa aquellos momentos en los que creas haber saboteado tu vida. Las áreas más comunes suelen ser las relaciones, el trabajo, la salud y el deporte, y el dinero (sí, el dinero). Este paso es muy importante para saber con exactitud qué es lo que pasa bajo la superficie.

Pregúntate: «¿Qué es lo que intento evitar?». Liz, por ejemplo, lo más seguro es que intente evitar confiar en la gente porque lo pasó muy mal cuando se divorció, pero ha extendido esa desconfianza y ahora no solo afecta a sus relaciones de pareja, sino también a sus amistades. Y cuando Rebeca le manda un mensaje a su ex, aunque sabe que no debería, quizá en realidad está intentando obviar sus propios problemas con las relaciones. Es más fácil tener etapas breves de diversión sin compromiso, porque sabe cómo acabarán, que enfrentarse a la incertidumbre de una nueva relación y/o del porqué sigue eligiendo a los hombres equivocados.

Haz los ejercicios

Prepara dos listas.

- En una, anota todo lo que de verdad te gustaría tener. No en plan «un Tesla, más dinero y un novio muy guapo». Pues claro que quieres todo eso, aunque en realidad lo que buscas es reconocimiento, validación, libertad, paz, intimidad y conectar con los demás. Baja unas cuantas capas hacia las profundidades y repite la pregunta desde allí. Porque, al fin y al cabo, no se trata de lo que quieres, sino de la sensación, de la experiencia que crees que vivirás cuando lo consigas. Siempre. Es normal esperar reconocimiento y validación por tu trabajo y tus esfuerzos. Es normal esperar que en una relación sana haya intimidad y conexión entre los dos miembros de la pareja. Y tú te lo mereces todo.
- En la otra, apunta todo aquello que temes que pueda ocurrir si consigues todas esas cosas. Por ejemplo, quizá *a priori* quieres una relación sana y, cuando profundizas un poco, te das cuenta de que en realidad lo que buscas es intimidad. Puede que lo que te dé miedo de verdad es que vean tu verdadera cara, tu forma imperfecta, los defectos. Quizá alguien te rechazó en el pasado o tienes traumas infantiles que están saliendo ahora.

O puede que temas conseguir un ascenso y un aumento de sueldo (además de la validación y el reconocimiento) o te ponga nerviosa ser el foco de todas las miradas. Saber con claridad meridiana qué es lo que temes te ayudará a avanzar hacia la curación. No puedes arreglar lo que no sabes que está roto.

Saber con claridad meridiana qué es lo que temes te ayudará a avanzar hacia la curación. No puedes arreglar lo que no sabes que está roto.

Pide ayuda

Sí, otra vez esa cosa tan molesta de la vulnerabilidad. Este paso consiste en pedir ayuda a alguien que se haya ganado el privilegio de escuchar tu historia. Es un tema en el que insisto a menudo a lo largo del libro (ver capítulo 2). Una vez que se empiezan a destapar tus auténticos miedos (atención, *spoiler*), descubres que tienen mucho que ver con el concepto de ser visto. De mostrarte tal y como eres y arriesgarte a que te acepten... o te rechacen. Pero, por suerte, hay una persona con la que puedes compartir todos tus miedos y admitir que, en lo referente a _____, llevas mucho tiempo autosaboteándote.

Al autosabotaje le encanta formar parte de tu vida, sentirse vivo, crecer, pero solo si es tu pequeño secreto. En cuanto abres las ventanas y entra la luz del sol, empieza a desmoronarse. Aunque sigas saboteándote, es mucho más difícil seguir adelante con la destrucción, y es que ahora hay alguien más en la ecuación que, con todo el amor del mundo, se asegurará de que no te vayas de rositas y tomes mejores decisiones.

Actúa

Lo que quiero decir es que hay que actuar y hacer cosas valientes, imperfectas y que te asusten. No miento cuando digo que, si usas las tres herramientas que he mencionado hasta ahora, habrás iniciado el camino hacia una vida libre de autosabotajes. Para cavar entre las raíces de un hábito y contárselo a otro ser humano en el que confías, algo que ya has hecho, hay que ser muy valiente, así que este último paso no debería asustarte tanto.

Sin embargo, la práctica del valor nunca es un campo de rosas, así que no debes extrañarte si la cosa se pone fea. Cuando te das cuenta de que estás a punto de caer en un comportamiento saboteador y, sin embargo, eliges optar por la incertidumbre de lo que realmente quieres (ya sea pedir un ascenso o no decir nada, o quedar con una nueva amiga en lugar de encerrarte en casa con una tarrina de helado), pueden pasar cosas muy locas. Que no te den el ascenso. O que tu nueva amiga ya tenga planes.

Llegados a este punto, es probable que la voz crítica insista en enumerar todas las razones por las que no deberías haber hecho nada. Cómo se te ocurre pedir lo que quieres. Pero la cuestión es que elegiste ser valiente en lugar de perpetuar los hábitos de siempre.

O quizá, mientras trabajas todos estos conceptos, ni siquiera te das cuenta de que has vuelto a recuperar las viejas costumbres y te estás saboteando otra vez. La voz crítica se pone como loca, por supuesto. Pero todo esto es progreso, no perfección. Paso a paso. Los hábitos, las decisiones y las situaciones, mejor de una en una.

La próxima vez que te estés saboteando y lo sepas, debes preguntarte lo siguiente: «A la larga, ¿me sentiré bien si no escojo ser valiente? ¿Me sentiré bien sabiendo que podría haber hecho algo, por mucho miedo que tuviera?». No podemos deshacernos del miedo, pero sí aprender a vivir con él.

Autosabotearse, aunque pueda parecer contradictorio, significa elegir el camino más rápido, más fácil y, a veces, más divertido. Como ocurre con todos los hábitos que aparecen en el libro, no representa tu verdadero yo y nunca se obtiene el resultado esperado, pero estás tan acostumbrada a él que te sale de forma instintiva. Y muchas veces ni te das cuenta de lo que estás haciendo hasta que empiezas a quitarte de encima los trocitos de escombro que te han caído encima de la explosión de vida que acabas de provocar.

El autosabotaje es un billete de ida a sentirse muy mal una y otra vez. No te dejes atrapar. Eres demasiado maravillosa, inteligente y capaz de superar este hábito demoledor al que estás tan acostumbrada.

Hazte las siguientes preguntas:

- Cuando te saboteas, ¿lo haces de forma consciente o inconsciente?

- Si profundizas un poco, ¿por qué crees que lo haces?

- ¿Qué es lo que quieres de verdad? Y no me refiero a las cosas materiales, sino a los sentimientos y las experiencias que crees que esperas obtener.

- ¿Qué crees que encontrarás bajo la capa superficial y por qué le tienes tanto miedo?

- ¿Quién es la persona a la que le puedes confiar tus miedos?

- ¿Qué tipo de acción valiente e imperfecta vas a escoger?

6

Sentirse como una farsante:
El síndrome del impostor

¿Alguna vez has conseguido algo importante, te has sentido orgullosa de ti misma durante cinco segundos y, acto seguido, te has preguntado cuánto tardará todo el mundo en darse cuenta de lo incompetente que eres en realidad? ¿O te inventas excusas cada vez que te pasa algo bueno? Por ejemplo, consigues un ascenso en el trabajo y al instante piensas: «Bueno, seguro que les estaban presionando desde dirección para que ascendieran a una mujer, por eso me lo han dado a mí».

Esto es lo que dice Valerie Young en su libro *The Secret Thought of Successful Women: Why Capable People Suffer from the Impostor Syndrome and How to Thrive in Spite of It*:

> En esencia, el síndrome del impostor se refiere a aquellas personas que tienen una creencia persistente en su falta de inteligencia, habilidades o competencia. Están convencidos de que no se merecen las alabanzas y el reconocimiento que reciben por sus logros, y los atribuyen a la casualidad, la suerte, los contactos y otros factores externos. Incapaces de internalizar o sentirse merecedores de su éxito, dudan continuamente de su capacidad para repetir logros pasados. Cuando alcanzan una nueva meta, sienten más alivio que felicidad.

Siempre que hablo de este tema con mujeres y les resulta familiar, lo primero que dicen es: «¡No sabía que eso tenía un nombre!». El síndrome del impostor es una parte de la voz crítica y es mucho más común de lo que crees.

Este es el testimonio de Rachel:

> Fui a la facultad de Enfermería y me gradué con todos los honores. Cuando llegaban los exámenes, siempre tenía la sensación de que elegía las respuestas al tuntún, sobre todo cuando no estaba segura o no entendía del todo la pregunta. Ahora soy enfermera de urgencias y creo que soy la menos competente de todas. Sé que me preocupo por mis pacientes, pero siento que mis compañeras y mis jefes saben que soy la menos preparada de todo el departamento. Estoy orgullosa de haberme graduado, pero no de trabajar en urgencias, porque sinceramente creo que no soy lo bastante buena.

Muchas mujeres se sienten impostoras en su trabajo, pero va mucho más allá, ya que es muy habitual que se sientan igual en sus relaciones personales. Karen dice: «Llevo casi quince años con mi novio. Sé que me adora y que no quiere que lo dejemos, pero aun así me da miedo que un día se levante y no sepa por qué está conmigo. Con los amigos, siempre estoy esperando que alguien me diga que hace tiempo que se han dado cuenta de lo patética que soy, pero que como no querían que me sintiera mal, llevan desde entonces fingiendo ser mis amigos».

Una de las cosas más sorprendentes sobre el síndrome del impostor es que las mujeres no saben ni que existe. No solo se sorprenden cuando se enteran de que es algo real, sino que les asombra del mismo modo que otras mujeres piensen y se sientan como ellas. Se dan cuenta de que las mujeres, en general, solemos machacarnos bastante, pero les cuesta aceptar la idea de que vayamos por ahí sintiéndonos unas farsantes. Eso añade una capa extra de soledad.

POR QUÉ SE SUFRE

No hay duda de que alcanzamos cierta edad y todas las piezas encajan a medida que entendemos de dónde vienen buena parte de nuestras creencias, hábitos y comportamientos, y qué recibimos por parte de nuestras familias. Eso sin mencionar nuestra percepción de lo que padres, hermanos y profesores pensaban de nosotros. Creo que nadie sale de la infancia y de la adolescencia completamente ileso, aunque hayamos crecido en una familia sana, con unos padres cuyas intenciones no podían ser mejores. La mayoría crecemos con una buena colección de moratones y cicatrices.

Son muchas las experiencias que pudieron participar en la creación de tu síndrome del impostor. Puede que tus padres solo se fijaran en los notables que sacabas, aunque el resto fueran sobresalientes, o que ignoraran tus éxitos para que no se te subieran a la cabeza y no te convirtieras en una de esas niñas «con demasiados humos». O quizá te alababan por el mero hecho de apuntarte al concurso de cálculo mental, aunque luego cayeras en la primera ronda y sintieras que no merecías tantas alabanzas. Puede que tuvieras un hermano con problemas de aprendizaje y por eso tus padres nunca te elogiaban demasiado. O quizá tu hermana era «la lista» de la familia y tú «la divertida», y sentías que nunca podrías ser como ella.

Todos esos factores, y más en una edad tan temprana, pudieron influir en la aparición del síndrome, pero es que además es probable que ahora trabajes en un campo que alimenta la baja autoestima. Mujeres que se pasan el día rodeadas de hombres y tienen que esforzarse el doble que ellos para que sus ideas y sus opiniones sean escuchadas. O que tienen un trabajo importante y la gente las observa y espera mucho de ellas como personas y como profesionales.

O, quién sabe, puede que no te haya pasado nada de todo eso.

Si es así, estoy segura de que tu síndrome tiene su origen en la cultura, una educación que minimiza de manera sistemática el éxito y la inteligencia de las mujeres. Por eso, cuando resulta que sí eres lo bastante buena, inteligente, experimentada y con las credenciales en orden, algo en lo más profundo de tu ser te dice que, como eres mujer, es imposible que seas todas esas cosas. Nos parece ilógico que podamos ser listas y buenas en lo nuestro y, al pensar así, es imposible que nos aceptemos y confiemos en nosotras mismas.

Dicho de otra manera y a grandes rasgos, tú no tienes la culpa, pero ahora está en tu mano cambiar este razonamiento tan extendido porque no es más que eso: ¡un razonamiento! Puedes modificar cualquier pensamiento que te lleve a pensar que eres una farsante.

Cómo arreglarlo

Dejar de sentirse inferior por culpa del síndrome del impostor guarda mucha relación con la voz crítica, aunque cuando el síndrome está funcionando a pleno rendimiento, el discurso interior es muy distinto. Si lees la definición del síndrome y piensas «¡Exacto, esa soy yo!», significa que ya has dado el primer paso hacia el conocimiento total de lo que te ocurre.

Una vez sabemos lo que nos ocurre, podemos hacer varias cosas, pequeñas en apariencia (pero muy importantes), que nos serán de gran ayuda. Trabajemos una y veremos un cambio; trabajémoslas todas y la diferencia será enorme.

Despierta

Primero, finjamos por un momento. Supongamos que, tal y como dice la voz del síndrome, no tenemos ni idea de lo que estamos haciendo, hemos engañado a todo el mundo y realmente somos un fraude en toda regla.

Vale, piensa en lo que acabo de decir, en el trabajo que haría falta para sostener una mentira de semejante calibre. Estaríamos hablando de un golpe muy importante, algo así como robar la colección de sombreros de la reina de Inglaterra. Estás dando por sentado que la gente a la que has engañado son una pandilla de zopencos, tan tontos que ni siquiera se han dado cuenta de que no tienes ni idea de lo que haces. Básicamente, han permitido que te salieras con la tuya y no tienen intención de rectificar.

Espero que seas consciente de que la situación anterior es absurda y de que deberías ser capaz de aceptar, como mínimo, una parte de tus éxitos. Si confiaras un poco más en la gente que te rodea, si supieras que es poco probable que te engañen, te darías cuenta de que en realidad posees muchas habilidades y bastante experiencia.

Porque, hazme caso: las tienes.

Vigila el lenguaje

Lo siguiente que hay que hacer es vigilar el lenguaje. No, no me refiero a no decir palabrotas (algo de lo que soy muy fan, por cierto); quiero decir que hay que prestar atención al hablar de tus experiencias, habilidades y éxitos. ¿Utilizas palabras como «solo», «apenas» o «simplemente»? Si es así, estás minando tu seguridad, además de dejar que los demás sepan cómo te sientes.

Este pequeño primer paso puede tener, en realidad, una importancia considerable. La forma en que hablas de ti misma delante de los demás no es en su beneficio, sino en el tuyo. No digo que debas convertirte en unaególatra y que vayas por ahí echándote flores a todas horas, o que te cuelgues medallas que no te pertenecen. Digo que estés atenta a afirmaciones como esta: «Solo he creado un nuevo sistema que permite aumentar los beneficios de la empresa y, gracias a eso, en lo que llevamos de año apenas han aumentado en un 43 por ciento». No. Basta. Al usar la palabra «solo», parece como si cualquiera pudiera hacerlo. Es mejor decir: «He creado un nuevo sistema que permite aumentar los beneficios de la empresa. En lo que llevamos de año, se han incrementado en un 43 por ciento». Punto extra si gritas: «¡Toma ya!». (Es broma. Bueno, más o menos.)

La forma en la que hablas de ti misma delante de
los demás no es en su beneficio, sino en el tuyo.

En otras palabras, debes acostumbrarte a reclamar como tuyas las acciones y los logros que son fruto de tu trabajo. Supongo que ahora mismo la voz crítica se estará volviendo loca, gritando «¡Alerta roja!» y diciendo cosas como «Sé humilde, a nadie le gustan las fanfarronas». Si es así, ¡me alegro! Primero, estás aprendiendo a descifrar el parloteo constante de la voz crítica y, segundo, estás un paso más cerca de poder cambiar tu forma de pensar, tus creencias y los patrones que, sin darte cuenta, llevas repitiendo desde hace décadas. Tercero, escucha a la voz crítica, dale las gracias por participar y sigue tu camino. Tienes que permitirte usar un lenguaje que no te degrade y te haga sentir y parecer más pequeña de lo que eres. Debes asumir tus esfuerzos, tu trabajo y hasta quién eres. ¡Se trata de apropiarte de tu poder!

Acepta los comentarios positivos

Lo que viene a continuación puede que resulte doloroso. Creo que nos conocemos lo suficiente como para afirmar que, cuando recibes comentarios positivos, reaccionas de una (o varias) de las siguientes maneras: le atribuyes todo el mérito a la ayuda de alguien (aunque fuera algo puntual); ignoras el comentario por completo y aprovechas para recordar algún error que hayas cometido en el pasado (neutralizando el logro con un fracaso); o retomas la idea inicial y te preguntas cuándo descubrirán que eres una farsante.

En relación con la cuestión de los comentarios positivos, quiero reflexionar sobre dos cosas:

1. ¿Qué pasaría si, en lugar de reaccionar así, fueras capaz de aceptar el comentario positivo y asumir que la persona que lo ha hecho está siendo sincera? ¿Que está diciendo la verdad sobre lo que piensa de ti y/o de tu trabajo? ¿Que puede que no te esté tomando el pelo?

   Intenta hacer una pausa cada vez que alguien te alabe. La pausa es una herramienta importantísima en muchas instancias de la vida, sobre todo cuando el instinto nos obliga a hacer o decir cosas que nos hacen sentir mal. La pausa puede ser como una pelea callejera con la voz crítica, un intercambio de gritos y patadas. Lo siento, pero hay que pasar por ello, por muy incómodo que resulte. Acepta los comentarios como lo que son. En lugar de juzgarlos o desestimarlos a la primera de cambio, intenta ser objetiva.

2. ¿Y si escucharas los elogios y los aceptaras como lo que son, es decir, alguien haciéndote un regalo?

   Si esa persona te hiciera un regalo de verdad —elegido con mimo, envuelto con un lazo y con una tarjeta escrita a mano—, no se te ocurriría abrirlo y, acto seguido, tirárselo a la cara. No lo tirarías al suelo y te marcharías sin mediar palabra, ¿verdad? No, porque no eres una maleducada.

   Entonces, ¿por qué lo haces cuando alguien te felicita o alaba tus esfuerzos? ¿Por qué los demás pueden aceptar regalos y tú no? Importantísimo: quiero que repitas esto: «Me merezco esos regalos. Me los he ganado con mi trabajo». La gente que te rodea no forma parte de una conspiración para inventarse elogios y utilizarlos en tu contra. Si dicen algo debes creerles, porque es sincero.

Parte de la confusión interior que padece la impostora está causada por su tendencia al perfeccionismo y, dentro de él, el miedo a no saberlo todo. Y que, como consecuencia de no saberlo todo, la gente la juzgue, la critique y la rechace.

En resumen, querer ser perfecta y una absoluta experta es, al parecer, la única solución al síndrome del impostor. La creencia es: «Si lo sé todo, si lo hago todo perfecto y nunca cometo errores, la gente no tendrá ningún motivo para pensar que soy una impostora».

Aquí el problema evidente es que nadie lo sabe todo y nadie es perfecto. No soy la primera persona que lo dice en voz alta, todo el mundo lo ha oído un millón de veces, pero aun así no podemos evitar compararnos con un estándar imposible.

En pocas palabras: siempre habrá cosas que no sepas. Da igual cuántas carreras tengas, cuántos títulos, cuántos premios; da igual la práctica, la formación y la experiencia que acumules. Seguirá habiendo cosas que no sepas. Cometerás errores (o eso espero, porque así es como se aprende, equivocándose y no haciéndolo todo bien a la primera). Y, aun así, hasta el día en que exhales tu último aliento, siempre habrá cosas que no sepas.

Siempre habrá cosas que no sepas.

Cometer errores no te convierte en una farsante. Equivocarte no te convierte en una farsante. Ser imperfecta no te convierte en una farsante. Con esto quiero decir que eres humana, como el resto de la gente. Avanzas por la vida a trompicones y como buenamente puedes; unas veces lo haces mejor, otras peor, como el común de los mortales. De hecho, si estás leyendo este libro es porque quieres mejorar como persona, ser más feliz y trabajar para conseguirlo, así que permíteme que te diga que ¡eres una persona increíble!

Haz una lista con toda tu gente

Este ejercicio implica hacer un inventario de todas aquellas personas con las que compartes tu tiempo. En una hoja de papel o en un diario, escribe sus nombres y luego, pensándolo bien, añade un comentario sobre cómo te hacen sentir. Más de una vez te habrán dicho eso de que cada una es responsable de cómo se siente y que, si alguien nos dice algo que nos hace sentir mal, el problema lo tenemos nosotras, no la otra persona. Suele ser verdad, pero hay gente que directamente nos hace sentir mal con nosotras mismas. Puede ser un padre demasiado crítico o una compañera de trabajo que solo sabe hablar de lo mal que le va la vida. O esa amiga que siempre nos usa de departamento de quejas y que hace que volvamos a casa hechas polvo cada vez que nos vemos.

Todas estas situaciones pueden contribuir a crear un sentimiento general de infelicidad que, sumado a la baja autoestima, hará que te vuelvas a sentir como una farsante.

La energía que tienes a tu alrededor puede afectarte de manera exponencial. Rodearte de energía negativa hará que te enfrentes a una terrible batalla si quieres sentirte bien contigo misma. En la misma hoja de papel, responde a las siguientes preguntas sobre tu entorno:

- ¿Qué puedes hacer para cuidarte más?
- ¿Dónde deberías poner los límites?
- ¿Con quién estaría bien que pasaras menos tiempo?

Toma nota y trabaja todo aquello que creas que te será de utilidad.

Valora tus expectativas y tus éxitos

En algún punto del camino has establecido una serie de expectativas sobre ti misma de las que quizá ni siquiera eres consciente (volveré sobre este tema en el capítulo 8), y no te pones las medallas que te corresponden por todo lo que has conseguido hasta ahora. Los siguientes ejercicios te serán muy útiles. Trabaja en ellos con tu diario.

1. Hazte la siguiente pregunta: «¿Dónde está el listón?». Escribe una lista con todo lo que esperas de ti misma en cada área de la vida. Con total sinceridad. Al terminar, repasa la lista. Es posible que hayas puesto el listón tan alto que sea imposible alcanzarlo. Es probable que te hayas fijado en lo que hacen otros con más

tiempo, experiencia y formación que tú, y sientes que tienes que estar a su altura, o sencillamente te inventas una historia sobre quién quieres ser y qué necesitas hacer basándote solo en unos estándares inventados. Si por algún extraño milagro consigues alcanzar el listón (a costa de tu salud mental y física), en lugar de alegrarte, te obsesionas pensando en todo lo que podrías haber hecho de otra manera, o pasas página tan rápido que ni siquiera te molestas en celebrar el éxito.

Como el listón está tan alto, no consigues llegar, obviamente. De pronto, sientes que no eres «una de ellos» y te preocupa que la gente se dé cuenta. Es normal. Con unas expectativas tan altas, es imposible ganar. Estás condenada al fracaso.

Quizá pienses: «Si bajo mis expectativas, no seré más que una holgazana. Los objetivos modestos son para los fracasados».

¡No! No hace falta que el péndulo gire en sentido contrario. No tienes por qué lanzar los papeles al aire, gritar «ya estoy harta» y abandonarlo todo. Se puede buscar un término medio.

2. A continuación, aclara el motivo por el que te has sentido una farsante desde el primer momento. En la misma hoja de papel, termina la siguiente frase: «Siento que soy una farsante porque...».

Quizá piensas que no tienes la suficiente experiencia. O títulos. O que eres la nueva. O puede que hayas completado la frase con un «porque no soy lo bastante buena».

Bajar el listón significa experimentar con la idea de

que un título de graduado, en lugar de un máster, es más que suficiente. O que eres buena a pesar de ser la única mujer de tu departamento. O que no hace falta que pierdas cinco kilos para que las amigas te quieran. Para cuestionar los estándares necesitas ser consciente de todas las historias que te has inventado y poner en duda cada una de esas creencias. Es bastante probable que no estés de acuerdo con los nuevos estándares, pero al menos lo estás intentando.

Para cuestionar la altura del listón, necesitas hacer inventario de todo lo que sea fruto de tu imaginación para luego interrogarte punto por punto.

3. En el capítulo 4 dije que tenías que familiarizarte con tus logros. Si todavía no lo has hecho, ahora es el momento. Vuelve atrás y lee esa sección. Esperaré.

Esto es lo que pasará. Si haces la lista y luego la lees, es posible que pienses: «Bueno, si entré en la universidad fue por un fallo del sistema» o «Di a luz a gemelos, pero cientos de miles de mujeres han hecho lo mismo». Cuando sientas la tentación de inventarte una excusa que explique por qué has conseguido algo basándote en la suerte, un accidente o cualquier otra cosa que no sea la experiencia, el esfuerzo y las habilidades personales, debes terminar la frase de la siguiente manera:

«Entré en la universidad porque tenía la nota necesaria.»
«Me dieron el ascenso porque era la persona con más experiencia de mi departamento.»
«Di a luz a gemelos porque soy la puta ama.»

El síndrome del impostor tiene la habilidad de encerrarnos dentro de una versión de nosotras mismas pero en miniatura. Te esperan grandes cosas, cosas importantes. Debes olvidar las viejas creencias que insisten en que recurrir a nuestro potencial es malo. Son eso, creencias. Historias inventadas. ¡Ya las has superado! Te invito a que las revises, admitas que no son buenas para ti y que las olvides.

Hazte las siguientes preguntas:

- Crees que padeces el síndrome del impostor. ¿Qué pensamientos te pasan por la cabeza? Dicho de otra manera, ¿qué opina tu voz crítica sobre el hecho de que seas una farsante?

- ¿Por qué crees que eres una impostora?

- ¿Has subido demasiado el listón? Si la respuesta es sí, ¿en qué crees que lo puedes bajar?

- ¿Hay algo que hayas estado ignorando hasta ahora de lo que estés orgullosa?

7

El show del perro y el poni:
Complacer al prójimo y buscar su aprobación

Bueno, sigamos avanzando. Vamos a hablar sobre complacer a los demás. ¿O prefieres hablar de otro tema? Perdona, tienes razón... espera que me organice los papeles...

¿Ves lo que acabo de hacer?

Las personas complacientes suelen ser muy amables. Quieren que todo el mundo sea feliz, por eso van de aquí para allá haciendo de todo: se ocupan de organizar los planes, hacen favores a diestro y siniestro, hasta se encargan de preparar barbacoas si hace falta. Una de sus características más habituales es que dicen que sí a todo cuando, en realidad, querrían decir que no. Les preocupa que la gente las juzgue, las rechace y no quiera saber nada más de ellas.

Lo más sorprendente (y, sin embargo, real como la vida misma) es que las personas complacientes prefieren mentir a compartir sus verdaderos sentimientos. Lo importante es que su interlocutor sea feliz y tenga lo que quiere.

Es muy posible que en algún momento de tu vida te niegues a dar ni un solo paso por nadie que no lo merezca, y la sola idea de hacerle la pelota a alguien te provoque arcadas. Quizá ese momento sea ahora. No eres una «persona complaciente» de manual y me parece perfecto. Sin embargo, lo que he descubierto desde que me dedico al crecimiento personal y hablo con mujeres a diario es que, a pesar de que muchas no se consideran personas complacientes, casi siempre buscan la aprobación de los demás.

En otras palabras, no todos los que quieren aprobación externa son personas complacientes, pero casi todas las personas complacientes buscan aprobación externa. He agrupado los dos conceptos porque es muy habitual que se solapen. Así pues, antes de que decidas saltarte este capítulo porque estás segura de que no es tu caso, hazme un favor y sigue leyendo.

Los adictos a la aprobación ven la vida de la siguiente manera: todo lo que hacen se mide a través de las miradas ajenas. Aunque estén solos o nadie les preste atención, se preocupan en todo momento de lo que puedan pensar los demás. Su confianza, su autoestima y hasta sus modales dependen siempre de la percepción del otro. En realidad, casi nunca saben qué piensan los demás de ellos, así que se lo imaginan. Viven en un estado constante de incertidumbre, lo cual nos trae de vuelta a los comportamientos complacientes. Porque si los adictos a la aprobación pueden hacer cosas para hacer feliz al prójimo (como decir que sí a todo, por ejemplo), es más que probable que estén a salvo de la aprobación.

Alicia, una analista financiera de veintinueve años, explica lo siguiente: «Busco la aprobación de los demás en todas las áreas de mi vida. Me tomo las cosas muy a pecho y siempre me siento mal porque, a ojos de los demás (y, por tanto, de los míos) nunca consigo el nivel de perfección que busco. Quiero sentirme orgullosa de mí misma y de mis logros y no depender tanto de las opiniones y los comentarios de terceros, pero de momento no lo consigo».

¿CUÁL ES EL ORIGEN?

A las mujeres normales y corrientes nos han enseñado que parte de nuestro trabajo es «ser unas niñas buenas». Como madre que soy, sé que nadie en su sano juicio cría a sus hijos para que sean unos maleducados, sino que queremos que sean abiertos y amables con los demás. Pero desde que somos pequeñas, a muchas nos enseñan a no compartir nuestras opiniones, sobre todo en público, a no incomodar a nadie y a asegurarnos de que la gente a la que queremos sea feliz. Y todo para asegurarnos su estima, para complacerlos y obtener su aprobación.

Algunas mujeres son capaces de rastrear estos comportamientos hasta la infancia y afirman que su conducta cuando eran niñas determinaba la felicidad de sus padres. Jessica, treinta y cuatro años y madre de dos niños, dice:

> Crecí intentando alcanzar el listón de mi madre, que estaba muy alto. Lo intentaba una y otra vez... y, de vez en cuando, lo conseguía y me ganaba su aprobación. Ahora, la sigo llamando a diario para contarle cómo ha ido la jornada y que me diga si lo he hecho bien o si he tomado las decisiones correctas. En mi nueva vida, una de esas decisiones es un nuevo trabajo, en el que cobraría menos que en el actual. El otro día me dijo que, si no gano más que ella, dejará de considerarme su «mayor logro».

Durante la infancia, es posible que tus padres o mentores te dijeran con toda la seriedad del mundo qué era lo que esperaban de ti, o quizá lo hacían entre risas o con comentarios menos directos. En cualquier caso, si vuelves la vista atrás podrás ver de dónde proviene esa necesidad de agradar a los demás o de ganarte su aprobación. No se trata de señalar ni de culpar a nadie, sino de reconocer el patrón, las creencias que inoculó en tu mente, y enfrentarte a la necesidad de agradar a todo el mundo y de ser querida y aceptada.

CÓMO SOLUCIONARLO

La necesidad de complacer y la búsqueda de la aprobación externa son dos de los hábitos que llevamos perfeccionando toda la vida, pero eso no significa que no podamos cambiarlos. Tú, persona maravillosa que está leyendo este libro, eres una mujer inteligente y muy capaz, y sé que puedes crear nuevas costumbres más orientadas hacia tu propia felicidad. Empecemos.

Es suyo, no tuyo

En mi libro anterior, *52 Ways to Live a Kick-Ass Life*, aconsejaba a mis lectoras sobre cómo decirle que «no» a una persona complaciente. Me gustaría incidir en el tema hablando de uno de los mayores hándicaps que tiene la gente cuando se trata de responder con una negativa. Muchas mujeres no se atreven porque tienen miedo de lo que pueda pensar de ellas la otra persona. ¿Se enfadará? ¿Se sentirá herida? ¿No querrá saber nada más de mí? ¿Pensará que soy una mala persona? Los escenarios son múltiples y a cuál más aterrador, así que prefieren decir que sí y evitar males mayores.

La solución es algo que mi propio terapeuta ha tenido que

recordarme un mínimo de 1.473 veces: no eres responsable de los sentimientos de los demás. Mientras te hayas comportado de tal forma que puedas estar orgullosa de ti misma, los sentimientos de la otra persona le pertenecen solo a ella y no tienes ningún control sobre ellos.

No eres responsable de los sentimientos de los demás.

A mí me sigue pasando que no quiero que la gente se moleste. Querida lectora, no quiero que te sientas mal, y eso que acabo de conocerte. Intento que la gente que forma parte de mi vida me quiera, sea feliz y no se enfade conmigo por algo que haya hecho. Así que lo entiendo, pero gracias a mi propio trabajo de recuperación, he encontrado la paz, la libertad y el poder que se libera cuando dejas de responsabilizarte por los sentimientos ajenos.

Recuperar todo eso, la libertad, la paz y el poder, está perfectamente dentro de tus posibilidades. Por ejemplo, mi amiga Amy creció en una familia cristiana muy conservadora. Sus padres era misioneros y la vida de Amy giraba alrededor de su religión. Cuando creció y cuestionó las creencias familiares, sus padres no se lo tomaron bien. Ella tuvo que trabajar mucho para convencerse de que no necesitaba que sus padres aprobaran su nuevo sistema de creencias.

Un día, su madre le dijo lo mucho que le decepcionaba que hubiera cambiado su visión de la religión. Es posible que estuviera decepcionada porque para ella era importante que las dos compartieran las mismas creencias. Creía que había fallado como madre y estaba muy triste. Pero pienso que aunque los sentimientos de su madre son perfectamente válidos, no tienen nada que ver con Amy. Son sus sentimientos, punto final. Que Amy profesara la religión en la que había sido educada era el deseo y el sueño de su madre. Si Amy quería hacerse responsable de los sentimientos de su progenitora, podía fingir que aún tenía las mismas creencias de siempre, quizá ir a misa un par de veces al mes. Eso habría sido contentar a su madre y buscar su aprobación.

Un día, después de escuchar a su madre repetir lo decepcionada que estaba, Amy respondió: «Mamá, no necesito que apruebes mis decisiones o mis creencias espirituales porque soy yo quien tiene que aprobarlas».

Al decirle que ya no necesitaba su aprobación, es probable que Amy hiriera los sentimientos de su madre. Pero no levantó la voz en ningún momento ni censuró a su madre por tener sus propias creencias; ni siquiera cambió de tema para evitar la confrontación. Se condujo con un tacto exquisito y mucho amor. En otras palabras, no era ni es responsable de los sentimientos de su madre. Como ella misma explicó:

> Como persona excomplaciente en pleno proceso de recuperación que soy, he aprendido a detectar la instrumentalización de la culpa y ya no siento la necesidad de decir que sí por obligación o sentimiento de culpabilidad. Soy capaz de ver cuál es mi responsabilidad en cada situación y de tomar decisiones muy potentes yo sola, aunque mi madre (o quien sea) no estén de acuerdo. Nunca es divertido estar en desacuerdo con alguien que forma parte de tu vida, pero el orgullo y la confianza en mí misma que siento bien vale la pena. El mensaje subliminal es que lo que yo quiera, sienta y crea también es importante.

Vale, seguro que habrá quien piense que nunca será capaz de hacer lo mismo que Amy y de ser tan clara como ella, ni con su madre ni con nadie. Amy tardó mucho tiempo en aceptarse primero y luego reunir el valor suficiente para contarle a su madre cómo se sentía. Fue un proceso de años. Cuando por fin salió el tema, sabía palabra por palabra lo que iba a decir. Si no puedes hacerlo igual que Amy, empieza por otro sitio. Ve muy poco a poco; tu felicidad depende de ello. Las preguntas para el diario que aparecen al final del capítulo son un buen lugar por el que comenzar.

No te lo tomes como algo personal

Creo que tanto los que se decantan por complacer como los que buscan la aprobación suelen tomarse las cosas de una forma muy personal. Basta con una mirada extraña de otra madre del colegio durante una reunión, un comentario pasivo-agresivo de la pareja o una corrección sin importancia del jefe para que empiecen a hacerse preguntas. «¿Está enfadada conmigo? ¿Me odia? ¿Y yo qué he hecho?» Seguro que no es la primera vez que nos dicen que no nos lo tomemos todo como algo personal. Es una frase que aparece a menudo en esos memes tan monos de Pinterest y que hace que nos embarquemos al instante en una cruzada zen. Suena bien, ¿verdad? ¡Uf! Mira que es fácil deshacerse de toda esa gente que solo piensa en agradar y ser validado, ¿a que sí?

Lo que nos dicen esos memes es que, si te tomas las palabras y las acciones de los demás como algo personal, es fácil caer en el papel de víctima, pasarse la vida buscando la aprobación de los demás y convertirse en el centro del universo cuando no lo eres.

A veces, la gente entiende este consejo como un «o todo blanco, o todo negro». La opción uno consiste en no tomarse las cosas como algo personal, dejar que fluyan y sentirse libre y a gusto con uno mismo. La opción dos implica tomárselo todo a la tremenda y vivir en un mundo infernal de fuego y azufre donde somos víctimas y presas de otros. Sí, es una explicación un poco intensa, pero a veces la autoayuda te hace sentir como si estuvieras haciéndolo TODO MAL.

Cuando oímos consejos del tipo «No te tomes todo como algo personal» y luego es justo eso lo que hacemos (porque somos seres humanos con cerebros capaces de inventarse historias en cuestión de segundos; es ciencia), sentimos que lo estamos haciendo todo mal y nos echamos la culpa. No digo que el cien por cien de la responsabilidad deba recaer sobre la otra persona, pero valorar la situación desde una postura drástica tipo «o todo o nada» solo conseguirá que nos sintamos culpables.

El consejo también refuerza la idea de que, cuando alguien te hace daño, no son las palabras las que hieren; es la herida ya abierta en la que el otro procede a meter el dedo. Lo cual tiene su mérito, la verdad. Creo que es importante que la gente sepa cuáles son sus disparadores para saber qué parte es su responsabilidad y qué parte no (pista: normalmente es la nuestra). Pero quiero aclarar que este consejo no es una autorización para que cualquiera pueda decir o hacer lo que quiera contigo y tú te limites a darte la vuelta y culparte por tener «viejas heridas que se han vuelto a abrir».

No tomarse nada como algo personal y olvidar las ofensas del pasado que solo sirven para reabrir viejas heridas es, creo yo, lo ideal. Alguien nos insulta o es un maleducado y se supone que debemos pensar: «Mmm, ¡menudo idiota! Esto no tiene nada que ver conmigo. Yo sonrío y sigo a lo mío, mejor no darle importancia».

Nadie vive en un mundo como ese y, si así fuera, las drogas tienen que ser muy buenas.

Ahora en serio, creo que hay gente que sí es capaz de reaccionar así. Me refiero a personas muy espirituales, con una profunda conexión con su lado místico, que se pasan la vida trabajando cuerpo y mente y que practican la constancia. Sin embargo, sé que a muchas de las que estáis leyendo esto os cuesta deshaceros de los vínculos de forma regular, así que primero analizaremos el concepto a fondo y luego explicaré cómo funciona.

Don Miguel Ruiz, autor de *Los cuatro acuerdos*, ha escrito largo y tendido sobre este concepto: «Nos tomamos las cosas como algo personal porque es una costumbre. No hacerlo tampoco significa no reaccionar o no actuar. Pero cuando actúas, lo haces con claridad; sabes exactamente qué es lo que quieres. Cuando te tomas las cosas como algo personal, haces cosas que no quieres hacer, dices cosas que no quieres decir porque las emociones te controlan. La claridad hace que sea más fácil elegir».

Me encanta esta explicación. Solo quiero añadir algo: nos tomamos las cosas como algo personal, y seguiremos haciéndolo, porque somos humanos y sí, el autor tiene razón, es una costumbre. Pero no tenemos por qué dejar que esas cosas nos destruyan. No tenemos por qué inventarnos historias sobre nosotros. En el primer capítulo dije muchas cosas sobre la voz crítica. Cuando insistimos en tomarnos las cosas como algo personal, la alimentamos con gasolina y le damos «pruebas».

Como persona complaciente y/o que busca la aprobación externa, es fundamental que te familiarices con tus problemas. De esa forma, no irás por ahí buscando la aprobación general y vendiendo tu alma al diablo para no acabar tomándotelo todo como algo personal. Es un círculo vicioso que solo se rompe cuando sabes con qué tienes que lidiar. Por ejemplo, quizá para alguien sea importante que la gente le conteste los mensajes, los correos electrónicos o las llamadas enseguida. Si no lo hacen, se lo toma como algo personal y da por sentado que están enfadados con ella. Se obsesiona porque cree que ha hecho algo mal y, al terminar el día, decide que ahora la que está enfadada es ella. Cierto, hay unas normas de educación cuando se trata de devolver una llamada, pero hay que ser consciente de qué temas te vuelven susceptibles. Tienes todo el derecho a estarlo, que conste, y creo que más gente debería aceptar su lado sensible, pero lo que quiero decir es que hay que tener cuidado con todo lo que te hace saltar como un resorte.

Límites por todas partes

No puedo escribir un libro sobre cómo dejar de sentirse mal sin hablar de límites, ¿no? En muchas personas, los límites provocan una mezcla de confusión y terror. Quizá es porque tenemos algunos conceptos erróneos. Siempre han tenido muy mala fama porque «es lo que hace la gente mala», cuando, en realidad, un límite bien gestionado hace de su dueño la persona más amable y más feliz del mundo. Claro que somos mujeres, no lo olvidemos, y por eso tenemos tendencia a pensar que si ponemos límites no le caeremos bien a la gente.

Empezaré explicando lo que los límites no son: ni confrontaciones agresivas, ni debates acalorados, ni discusiones. Tampoco son ultimátums ni amenazas. Antes creía que para poner un límite había que apretarse los machos, ser un poco (o bastante) malota, agitar un dedo acusador delante de la cara de alguien y asegurarse de que todo el mundo se entere de que a ti nadie te toma el pelo.

Bueno, pues resulta que no es ninguna de esas cosas. La explicación más sencilla es la que dice que los límites son aquello que cada uno considera aceptable o inaceptable en su vida. Son una especie de normas, unas directrices comunes. Como otra forma de decir que a ti nadie te toma el pelo. Sin embargo, la creación de límites es crucial. Enseguida volveré sobre eso.

Este es un ejemplo de cómo se crean. Una vez, una mujer con la que trabajaba me pidió un favor. No era la primera vez que lo hacía. Yo no me sentía cómoda con lo que me estaba pidiendo y, en la primera ocasión que surgió, le dije que no y le expliqué el porqué. La segunda vez que me pidió el mismo favor, algo dentro de mí me dijo que me negara otra vez, pero mi cerebro pensó: «Si le vuelvo a decir que no, pensará que soy una maleducada». Se me ocurrían varios motivos por los que negarme, todos ellos perfectamente lógicos, y el principal era que había tenido una especie de pálpito. Además, tenía que ser consecuente conmigo misma. ¿Me estaba comportando como una mala compañera? No. ¿Estaba siendo vaga? Tampoco. No sabía por qué, pero no me sentía bien diciendo que sí.

Me senté delante del ordenador para responderle y, mientras lo hacía, pensé en un montón de excusas que podía inventarme para no herir sus sentimientos (casi todo mentiras). Para que se sintiera cómoda. Para asegurarme de que seguíamos siendo amigas.

Al final, le mandé un correo electrónico diciéndole que no. Sin más explicaciones. No fue nada fácil; de hecho, me atrevo a decir que aquello fue algo revolucionario por mi parte.

Para mi sorpresa, me respondió preguntándome por el motivo de mi negativa. Me dio la sensación de que aquella mujer no estaba muy acostumbrada a que le dijeran que no y por eso se atrevía a preguntarme por qué no le quería hacer aquel favor. (Recuerda que no éramos lo que se dice amigas; solo habíamos hablado una vez sobre cuestiones laborales e intercambiado algunos correos electrónicos.)

Cuando me pidió que le explicara mi negativa, yo tenía cuatro opciones:

1. Responder a su requerimiento y decirle la verdad, lo cual seguramente heriría sus sentimientos, algo que yo quería evitar a toda costa.
2. Mentir. Inventarme cualquier excusa y proteger su ego.
3. Mantenerme firme en mi decisión y no darle más explicaciones. No le debía nada. Un no a veces es un no a secas.
4. Rajarme y hacerle el favor, para no tener que darle explicaciones y para que estuviera cómoda y feliz. Sin embargo, eso significaba ir contra mi propia intuición y habría preferido clavarme un tenedor en el ojo, la verdad.

Al final, me decidí por la tercera opción: mantenerme firme en la idea de que no tenía por qué darle explicaciones. No fue fácil. Todas las opciones eran igual de incómodas, pero a veces poner límites significa ser capaz de decir que no y mantenerse firme. No sentir la necesidad de explicarse. No hacerse responsable de los sentimientos del otro, ya sea rabia porque no le estamos dando lo que quiere, irritación porque no le ofrecemos una explicación o sorpresa ante nuestra poca disposición a hacerle feliz. Establecer límites significa no hacerse responsable de que los demás se sientan cómodos con nuestras decisiones.

A veces poner límites significa ser capaz de decir que no y mantenerse firme.

Y si te responden con un «¿Cómo que no?», respondes: «Pues eso, que no».

Que conste que no espero que nadie suelte a alguien una respuesta como esa y luego se aleje dando saltitos y el resto del día sea maravilloso. Decir que no es incómodo. Se necesita mucha práctica, mucho esfuerzo y mucha paciencia para aprender a vivir con una sensación desagradable a la que no estamos acostumbradas.

Quiero aclarar una cosa. Muchas veces esperamos hasta que la situación es tan tensa y estamos tan hartas de aguantar que todo el mundo haga lo que le dé la gana que al final explotamos y acabamos a grito pelado, y eso tampoco es bueno para nadie. Alguien que se siente atacado no querrá escuchar, y mucho menos llegar a un acuerdo. Unos límites sanos requieren planificación, intencionalidad y una puesta en práctica amable.

Alguien que se siente atacado no querrá escuchar
y mucho menos llegar a un acuerdo. Unos límites sanos
requieren planificación, intencionalidad y una puesta
en práctica amable.

Es inimaginable la cantidad de conversaciones que he tenido con personas (y llevo toda la vida dedicándome a esto) que están enfadadas con alguien por algo que ha pasado y, cuando les pregunto «¿Le has dicho que no quieres que lo vuelva a hacer?», se quedan calladas un buen rato y al final responden: «Bueno, supongo que no. Creo que no sería capaz de tener esa conversación». A continuación, proceden a explicarme que ya saben cómo acabaría (mal), así que no vale la pena. Culpas, culpas, culpas, excusas, bla, bla, bla.

Primero, la gente no cambia a menos que le digas lo que te molesta. Hasta que no seamos capaces de leer mentes, no nos queda más remedio que tener esas conversaciones tan incómodas pero tan necesarias. Segundo, no tienes derecho a estar enfadada con alguien por algo que hace y que no te gusta si nunca te has molestado en decírselo. Por favor, que nadie diga eso de que «debería saberlo» porque, repito, de momento es imposible leer la mente. ¿Qué tal si alguien dijera eso de ti? ¿Qué deberías saber lo que quieren o no quieren los demás?

Las personas complacientes y los que buscan la aprobación externa tienden a no establecer límites por muchas razones, entre ellas porque no quieren parecer cascarrabias o «raritos». Prefieren seguir sintiéndose incómodos y a veces hasta enfadados y un poco resentidos con tal de no tener que empezar una conversación que saben que será difícil. En el fondo, no sienten que sus necesidades sean tan importantes como para expresarlas en voz alta.

Mejor nos lo sacamos de encima cuanto antes: tus deseos y necesidades son igual de importantes que los de los demás. Punto. Tú eres importante. Poner límites es una forma de reivindicarlo. Y los límites no solo son importantes, también son necesarios. Básicos para construir relaciones sanas, para alimentar tu confianza en ti misma, para respetarte como persona y para asegurarte la felicidad. Porque sé que comportarme como una persona complaciente y buscar a todas horas la aprobación ajena no es la mejor forma de celebrar todo lo bueno que hay en mí.

Cómo establecer límites

Vale, y ¿qué hay que hacer para propiciar una conversación como esa? ¿Cuál sería el esquema? Vamos a ver todo el proceso a través de un ejemplo. Supongamos que tu jefa tiene la fea costumbre de encargarte proyectos y no darte el tiempo suficiente para completarlos. Al final lo haces, pero a base de quedarte hasta las tantas en la oficina y llevarte trabajo a casa todos los fines de semana. Ella insiste en encargarte esos proyectos porque, bueno, tú los acabas y encima no te quejas. Pero cada vez estás más cabreada, más resentida. No haces más que discutir con tu pareja y todas las mañanas temes que llegue la hora de ir al trabajo.

Paso 1: Puedes y deberías empezar la conversación con tu jefa dándole las gracias. Dile lo agradecida que estás de que te confíe tantos proyectos en tan poco tiempo. Que para ti es un orgullo saber que se siente tan cómoda contigo y con tu trabajo. No se trata de hacerle la pelota ni de manipularla, sino de empezar la conversación desde la amabilidad y el respeto mutuo, que es la forma de conseguir que el receptor se sienta cómodo y te escuche.

Paso 2: Explícale cómo te sientes, que tanta carga de trabajo está empezando a afectarte negativamente.

Paso 3: Háblale de tus necesidades. Explícale de forma directa lo que esperas de una jefa. No le digas: «Quiero que me asignes menos proyectos». Así no la estás ayudando. Aclárale qué es lo que pides que cambie. «Cuando me das un proyecto grande, necesito dos semanas como mínimo para terminarlo, no una, y veinte horas con Karen para que me ayude. ¿Crees que sería posible?» Muéstrate dispuesta a negociar, pero con cuidado. Las personas con una actitud complaciente y necesitadas de la aprobación ajena tienden a ceder cuando se trata de establecer límites. Hay margen para la negociación, dependiendo de qué se trate, pero hay que estar atentas a las sensaciones, porque serán importantes.

Este ejemplo es muy general. Si tienes una buena relación con tu jefa, resultará mucho más fácil hablar con ella que con alguien con quien mantengas una relación más personal. ¿Qué ocurre cuando tus padres, tu pareja o un amigo, alguien con quien compartes un vínculo emocional, pone a prueba tus límites? La conversación sería algo así:

1. Esto es lo que me encanta de ti/nosotros.
2. Esto es lo que me preocupa o lo que no me gusta y por qué me afecta.
3. Esto es lo que no voy a tolerar más (hay que ser muy específica).
4. Esto es lo que te pido que cambies (aquí también hay que ser muy específica).
5. Esto es lo que pasará si cruzas los límites.

Una de las cosas más difíciles de establecer límites (o de provocar una conversación incómoda) es no obsesionarse con el resultado. Sería genial que la persona a la que le estás poniendo límites te dijera «¡Ostras, sí! Siento haberte molestado con mi comportamiento. Claro que cambiaré, por supuesto. Gracias por hacérmelo saber. No sabes cuánto me alegro de haber tenido esta conversación contigo. ¡Dame un abrazo y pelillos a la mar!».

Por supuesto, no siempre es así y ese es justo el motivo por el que preferimos no tener este tipo de conversaciones. Por eso, permíteme que te felicite por haber defendido tus límites. Tú, mi querida amiga complaciente y necesitada de aprobación, le has explicado a otra persona cómo te sientes y le has pedido que cambie. ¡Has sido muy valiente! Lo que haga esa persona a partir de ahora depende de ella. Si te lleva la contraria, se niega a cambiar o se comporta como una tonta, atenta, porque es probable que la voz crítica haga acto de presencia para decirte que no deberías haber hablado con esa persona, que eres mala o cualquier tontería que se le ocurra.

Por eso insisto en preparar la conversación con antelación y decidir con exactitud qué es lo que quieres pedir. De esa manera te sentirás mucho más cómoda. Si te enorgullece expresar tus sentimientos y necesidades, da igual el resultado, esa será tu victoria.

Al final de tu vida no dirás: «Me alegro tanto de haber hecho feliz a todo el mundo diciendo a todo que sí y preocupándome por lo que pudieran pensar de mí...». Complacer a los demás y buscar su aprobación no te hace más feliz. Esta es TU VIDA. No hay segundas oportunidades. ¡Aprovéchala!

Hazte las siguientes preguntas:

- Si eres una persona complaciente o necesitada de la aprobación ajena, ¿por qué crees que es?

- ¿Qué temes que ocurra si dejas de repetir esos comportamientos?

- ¿En qué situaciones o con quién te sientes responsable de los sentimientos de los demás?

- ¿Crees que sueles tomarte las cosas como algo personal? ¿Cómo podrías evitarlo?

- ¿Qué límites necesitas crear? Haz una lista. ¿Sobre cuáles estás dispuesta a iniciar conversaciones?

8

La cárcel de la perfección:
La autodestrucción en todo su esplendor

> Y, sin embargo, estas chicas perfectas creen que siempre se pueden perder un par de kilos más... Somos las chicas con problemas de ansiedad, las de los planes quinquenales y las agendas a reventar... Nos vanagloriamos de dormir lo mínimo. Bebemos café, mucho... Somos las hijas de las feministas que decían «Puedes ser lo que quieras», pero nosotras entendimos «Tienes que serlo todo».
>
> COURTNEY E. MARTIN
> *Perfect Girls, Starving Daughters*

El perfeccionismo es otro de esos hábitos que las mujeres solemos lucir como si fuese una medalla. Creemos que buscar la perfección es lo mismo que esforzarse para triunfar, destacar o mejorar en lo que sea. Para nosotras, no existe otra opción.

Seré sincera: el perfeccionismo nos puede destruir. Sí, estoy siendo un poco dramática, pero es de los hábitos que más nos dificultan la posibilidad de alcanzar una vida extraordinaria, así que pongámonos manos a la obra.

El perfeccionismo nos tienta con la siguiente promesa: si tenemos un aspecto y un comportamiento perfectos, podemos evitar el dolor del rechazo, del ser «menos que», y, al mismo tiempo, también evitamos uno de los sentimientos más lacerantes que existen: la vergüenza. En la introducción del libro ya expliqué que la mayor parte de las mujeres que conozco no van necesariamente por ahí destilando vergüenza, pero que es ese sentimiento el que rige sus vidas. El que las empuja a tomar las decisiones que toman. Y el perfeccionismo es uno de esos hábitos tan desconcertantes que permiten que la vergüenza nos lleve de la correa, controle cómo nos comportamos y, al final, acabe haciéndonos sentir como si no valiéramos nada.

De todas las mujeres que conozco, las que tienen una relación más tensa con el perfeccionismo suelen ser las que viven con más miedo, pero son capaces de engañarnos a todos y que no nos demos ni cuenta. Yo misma he sido una perfeccionista crónica y puedo decir, sin miedo a equivocarme, que hubo momentos de mi vida en los que habría preferido la muerte antes que permitir que alguien descubriera mis defectos y mis horribles imperfecciones. Estaba convencida de que la visión que los demás tenían de mí era el indicador definitivo de quién era yo como persona y de si merecía o no existir.

Cuando tenía catorce años, recién empezado el instituto, decidí intentar entrar en el equipo de tenis. Nunca había jugado en un equipo escolar (en séptimo me apunté al club de bolos del colegio, aunque eso no cuenta), pero parecía la elección lógica porque se puede decir que prácticamente me había criado en una pista de tenis. Llevaba jugando desde los tres años, tomando clases o con mi padre como entrenador. Durante toda mi infancia había vivido y respirado tenis.

Aquel caluroso día de verano, mi padre me llevó en coche al lugar donde se hacían las pruebas. Agarré bien la raqueta, temblando como un flan, y observé a las otras chicas a través de la valla metálica. Algunas eran de mi nivel, pero no les dediqué más de un par de segundos. Me centré en las que eran mejores que yo. Mi cabeza se llenó de preguntas. ¿Y si pierdo? ¿Y si pierdo delante de todo el mundo? ¿Qué pensarían mis padres? ¿Qué pensaría todo el mundo?

Sentí tal ansiedad que me quedé petrificada y fui incapaz de abrir la valla para reunirme con ellas. Al cabo de unos minutos, di media vuelta, encontré una cabina y llamé a mi padre para que viniera a buscarme. Dejé el tenis aquel mismo día y tardé veinte años en volver a pisar una pista.

Dejar el tenis de aquella manera es una de las cosas de las que más me arrepiento en la vida. Quizá no parezca gran cosa, pero para mí era muy importante. Dejé que el perfeccionismo, el miedo al fracaso y a lo que los demás pudieran pensar de mí me empujaran a tomar una decisión de la que luego me arrepentí. Aquel día decidí que prefería dejar el tenis para siempre antes que arriesgarme a no ser la jugadora perfecta.

¿Cuál es el origen?

Algunas mujeres, como Rane, crecen en familias que sufren de un perfeccionismo desenfrenado:

> En mi casa, el perfeccionismo era la norma. Mi abuela limpiaba las alfombras con un atizador y luego nos prohibía

pisarlas. Mi madre la seguía de cerca en la casa perfecta. De mí se esperaba que sacara todo sobresalientes; cualquier nota que estuviera por debajo era una decepción para mi padre. Me dejé la piel estudiando, me gradué en el instituto antes de tiempo y empecé la universidad un mes después de cumplir los diecisiete.

Como adulta, mi casa siempre tiene que estar impecable por si vienen invitados. A veces no dejo que los amigos de mis hijos vengan a jugar o me pongo a recoger como una loca antes de decir que sí [pueden venir].

Es evidente que Rane recibió el legado del perfeccionismo de manos de su madre y de su abuela. En familias como la suya, el mensaje es claro: sé perfecta o no serás lo bastante buena y no te aceptaremos. No toleramos nada que esté por debajo de eso. Pero hay familias diferentes. Quizá en la tuya nunca te dieron el amor o la atención que necesitabas, así que el perfeccionismo creció como una especie de mecanismo con el que ganarte la aprobación de los demás, en la creencia de que «si soy perfecta, la gente me querrá y me aceptará».

O quizá tu hermano era el preferido y sentías que nunca lograrías estar a su altura. Y por eso ahora sigues midiéndote con algo que ni siquiera existe.

Yo vengo de una familia en la que no había grandes triunfadores. Mis padres se alegraron de que quisiera entrar en el equipo de tenis, pero no me obligaron. Era una estudiante normal y nunca me sentí presionada para que sacara excelentes. Pero si vuelvo la vista atrás, creo que fui una víctima más de la cultura norteamericana. Crecí en los ochenta, cuando el aeróbic estaba en su apogeo, las mujeres iban a trabajar en chándal y deportivas y la MTV nos enseñaba todo lo que teníamos que saber de la vida. La perfección es adictiva y yo me convertí en su prisionera.

Repito, unir los puntos desde donde empezó tu perfeccionismo hasta la actualidad te puede ayudar a cuestionar tus creencias, a arrojar luz sobre los problemas que llevas arrastrando toda la vida sin ni siquiera darte cuenta. No debes olvidar que siempre tenemos el poder de cambiar las viejas creencias, los hábitos y los patrones de comportamiento.

Aquí no se aceptan vagos

Algo que repiten muchísimo las mujeres que tienen problemas de perfeccionismo es que si dejaran de aspirar a la perfección, se convertirían en unas vagas. Dejar de ser perfectas significa levantar las manos en alto, exclamar «¡Basta ya!» y abandonar *ipso facto* el físico, la ética en el trabajo, los hijos, todo. Están tan acostumbradas a apuntar a lo más alto que cualquier cosa que esté por debajo les parece una barbaridad y un insulto a la condición femenina. La creencia que tienen grabada a fuego en el cerebro es: «O aspiro a la perfección o soy una holgazana». El horror.

No tiene por qué ser así. Se puede apuntar a lo más alto, a la excelencia incluso, sin aspirar a la perfección. Para Brené Brown, autora de *Los dones de la imperfección*, la diferencia entre los dos extremos está en que cuando aspiramos a la grandeza el foco está en nosotros («¿cómo puedo mejorar?»), y cuando aspiramos al perfeccionismo el foco está en los demás («¿qué pensarán?»).

Dicho de otra manera, nadie dice que tires tu lista de cosas pendientes, dejes el trabajo y te mudes al sótano de tus padres. Puedes seguir siendo muy buena en todo lo que haces, pero debes pensar por quién lo haces. ¿Por ti? En ese caso, siéntete orgullosa de ti y de tus acciones. ¿Por los demás? Si es así, seguro que están impresionados, que les caes bien y te dan su aprobación para que no tengas que enfrentarte a la crítica, el rechazo, la culpa y, en la raíz de todo lo anterior, la vergüenza.

¿Ha quedado clara la diferencia?

Creo que aquí la línea no es tan evidente como en otros temas. Hasta los mejores yonquis de la superación personal caen en la trampa de hacer las cosas en nombre del perfeccionismo, sobre todo cuando se sienten un poco vulnerables (algo que suele ocurrir a menudo). Las pensadoras de la dicotomía blanco/negro deben tener cuidado cuando trabajen el perfeccionismo: en este caso, no hay resultados perfectos.

Cómo solucionarlo

Cuando estés preparada para librarte del control que el perfeccionismo ejerce sobre ti, remángate y ponte manos a la obra cuanto antes. Puedes seguir siendo maravillosa sin tener que ser perfecta. Las siguientes herramientas te ayudarán a conseguirlo.

Aprende a aceptar las críticas

Para alguien que tiene problemas con el perfeccionismo, recibir opiniones, sobre todo si son críticas negativas, puede ser el equivalente a arder en la hoguera. Las perfeccionistas suelen responder a este tipo de comentarios poniéndose a la defensiva y cayendo acto seguido en una espiral de pensamientos negativos. Entiendo que algunas críticas no se hacen con la mejor intención (hay mucho idiota suelto), pero las perfeccionistas suelen dejar que un simple comentario les arruine todo el día, o más.

Pregúntate si basta con una crítica sobre algo concreto para inventarte una opinión que afecta a toda tu persona. Por ejemplo, si tu jefa te dice que quiere que cambies algo en tu forma de trabajar, ¿te llamas estúpida a ti misma? ¿O te pasas semanas pensando que la jefa es el demonio personificado?

Aquí dejo una técnica que se puede usar en estos casos. En lugar de lanzarte de cabeza al interior de la madriguera de la culpa, pregúntate de quién viene la crítica. ¿Es alguien que te importa? Si no lo es, si es un comentario anónimo en internet, por ejemplo, la siguiente pregunta será: ¿vas a permitir que la opinión de un desconocido influya en tu estado de ánimo?

Si no consigues olvidarlo, piensa si esa persona ha dicho algo que sea verdad, algo que amenace tu fachada perfecta. ¿Se puede corregir? Por ejemplo, ¿estás cometiendo errores en el trabajo o como madre que se puedan arreglar?

Además, cuando recibes críticas negativas, si no puedes evitar hundirte, pregúntate si en realidad no te estarás montando una película. ¿Puedes separar los hechos de aquello que es susceptible de ser cuestionado? Si metes la pata en el trabajo y alguien lo critica, el único hecho verificable es que has metido la pata. Pero seguro que un momento después ya te estás montando una historia: que si eres la peor, que si te van a despedir, que si los compañeros te odian... Nada, ni un solo hecho probado. Lo que intento decir es que, cuando te enfrentes a una crítica, debes estar atenta, ser curiosa e intentar ver las cosas con claridad.

Cada noche, mientras cenamos, mi marido y yo les hacemos tres preguntas a nuestros hijos. Primero nos interesamos por cuál ha sido su momento favorito del día. Después, cuál ha sido el «menos» favorito, porque tampoco queremos que vayan por la vida con complejo de Pollyanna* (hablando de perfeccionismo...). Por último, les pedimos que nos digan un error que hayan cometido durante el día. Queremos que sepan desde bien pequeños que, si no cometen errores, no están aprendiendo las lecciones más valiosas de la vida. Que meter la pata es inherente al ser humano y que debemos aprender de ello y no intentar evitarlo a toda costa.

Así pues, te pido (tanto si recibes críticas directas como si no) que repases los errores que hayas cometido cada día y aprendas de ellos, en vez de criticarte sin parar o prometer que nunca más volverá a suceder.

Asegúrate de que tus expectativas sean realistas

Muchas veces, el trabajo de coaching que hago con mis clientas tiene como objetivo alcanzar unas metas concretas. Para ello, antes de ponernos manos a la obra les pido que me entreguen una lista con todo aquello que esperan conseguir. De vez en

---

* *Pollyanna* es una novela de la escritora norteamericana Eleanor H. Porter publicada en 1913. Narra la historia de una niña huérfana que se inventa un juego: buscar el lado positivo de todas las cosas. Tuvo tanto éxito que el nombre dio el salto a la lengua y desde entonces se utiliza para referirse a las personas excesivamente optimistas. *(N. de la T.)*

cuando, leo alguna y no puedo evitar que se me escape la risa al ver las cosas que se les ocurren. Estoy a favor de tener grandes metas en la vida, pero algunas listas parecen obra de cinco personas. Les pregunto quién las ha escrito. ¿Han sido ellas o su voz crítica? ¿El espíritu verdadero de su «yo perfecto»? Por norma general, cuando les hago preguntas más profundas se dan cuenta de que no han hecho la lista pensando en ellas, sino en la sensación que creen que experimentarán cuando todo el mundo sepa que han conseguido todos sus objetivos.

Los perfeccionistas tienden a concentrarse en el resultado de sus objetivos y no en los objetivos propiamente dichos y, una vez completados, rara vez se detienen a disfrutar de su proeza. Por eso, lanzo dos preguntas: tus objetivos ¿son de verdad para ti? Una vez completados, si nadie se interesara por ellos o incluso si nadie supiera de su existencia, ¿cómo te sentirías? ¿Seguirían teniendo el mismo significado? ¿Te agradaría completarlos?

Date permiso

Para liberarte del perfeccionismo necesitas practicar la autocompasión. En el primer capítulo ofrecí un montón de herramientas para trabajarla. Aquí va otra: debes darte permiso.

Primero, averigua en qué áreas de la vida tiendes a caer en el perfeccionismo. Anota en una hoja de papel las siguientes categorías. Se pueden añadir aquellas que estén relacionadas contigo y con tu vida.

- Crianza
- Trabajo/carrera

- Relaciones
- Comer/cuerpo
- Objetivos futuros
- Casa

A continuación, haz una lista en cada sección de todo aquello para lo que sí te das permiso.

Permiso para...

- Meter la pata de vez en cuando como madre.
- No volverme loca intentando ser la madre/esposa/empleada/amiga perfecta.
- Saltarme algún entrenamiento de vez en cuando.
- Quererme un poco todos los días.
- Gestionar el día hora a hora.
- Pedirle ayuda a _____ en lugar de aislarme.

Escribe cada permiso en un pósit y pégalos por todas partes. Puedes crear alarmas en el móvil, enviártelas por correo electrónico o tatuártelas en la cara. Ponlos donde puedas verlos, da igual el sitio, con tal de que los leas y los aceptes.

Quizá sientas otra vez que te estás dando permiso para ser una holgazana, pero aquí de lo que se trata es de darte un respiro y aceptar que no pasa nada si de vez en cuando no eres perfectas. Tus metas no tienen por qué ser blancas o negras. Ni siquiera el desarrollo personal se divide en correcto o incorrecto. El objetivo es el conocimiento, la consistencia, la amabilidad y la compasión con una misma. Cuando los practiques todos, serás más feliz. ¿Trato hecho?

Qué hay debajo de todo ello

Pongámonos serias. Ahora toca escribir sobre el precio que estamos pagando por culpa de nuestra tendencia al perfeccionismo. Por ejemplo, tus hijos están nerviosos porque siempre te ven preocupada por el aspecto de la casa. Unas veces estás a punto de caer en la adicción al trabajo y otras estás hasta el cuello. Tus relaciones se resienten porque te da miedo que te consideren poca cosa y por eso nunca te abres con la gente. O no crees que el perfeccionismo afecte a nadie más que a ti, pero la ansiedad y la sensación de no encajar se hacen insoportables.

Al acabar de hacer la lista pregúntate si la búsqueda de la perfección pesa más que el coste de sus efectos negativos en tu vida. ¿De verdad vale tanto la pena?

A fin de cuentas, el perfeccionismo se reduce a corregir todo aquello que te da miedo. No estaría haciendo las cosas bien si no te lo preguntara directamente. Así pues, ¿a qué le tienes miedo? Escríbelo. En este mismo libro, en una hoja de papel, en el espejo con un pintalabios. Me da igual donde sea, pero hay que ponerlo por escrito. ¿Qué es lo que te asusta de que la gente sepa que no eres perfecta? Si tuviera que adivinarlo, diría que tememos lo siguiente:

- Cometer errores
- Que la gente piense que eres una inepta, no cualificada, no lo bastante lista
- Que la gente juzgue tu cuerpo
- Que tu pareja te deje porque no eres excelente en todo y tienes «problemas»

- Que la gente juzgue tu trabajo como madre
- No tener éxito
- Fracasar en la vida

Estoy convencida de que esto de vivir no se te da tan mal como crees. Tienes margen de sobra para no ser tan dura contigo misma, encontrar las zonas grises y zambullirte en esas aguas. Si levantas el pie de ese acelerador que es el perfeccionismo, es probable que la voz crítica piense que te estás rindiendo. Nada más lejos de la realidad. Lo que estás haciendo es reservar un billete que te llevará a una paz, una libertad y una felicidad mucho más plenas.

Te esperamos allí. Tú tranquila, que te guardamos un sitio.

Hazte las siguientes preguntas

- ¿Sabes de dónde viene exactamente tu perfeccionismo? En caso afirmativo, ¿puedes volver a examinar el origen de las historias que lo crearon y cuestionarte las creencias que surgieron como resultado?

- ¿En qué crees que consiste no ser una persona perfeccionista?

- ¿Cómo puedes tratar las críticas de una forma más deliberada? ¿Qué historias te inventas sobre ti misma cuando alguien te hace una crítica o incluso un comentario bienintencionado?

- ¿Qué necesitas para darte permiso? Porque eso te ayudará a tener expectativas menos exageradas.

- ¿Qué estás sacrificando por culpa del perfeccionismo?

9

Ser fuerte:
Un exterior duro y engañoso

—¡Sé fuerte! —dijeron.

Aunque se le da un uso motivacional, la orden «¡Sé fuerte!» merece ocupar un lugar especial en el infierno. De hecho, si fuera una casa, me encantaría reventar las ventanas a ladrillazos y luego pegarle fuego.

Muchas de nosotras crecimos en una cultura en la que ser sensible, en el caso de una mujer, equivalía a ser una histérica. Es un estereotipo que nos da miedo a casi todas y del que, sin embargo, no podemos escapar. Para librarnos de él, juntamos todas nuestras emociones y las enterramos tan hondo como podemos. Rezamos, cruzamos los dedos y confiamos en habernos desecho de ellas para siempre.

La historia de Tracie es un buen ejemplo:

«Qué fuerte eres» es algo que llevo escuchando desde que era una niña. De pequeña tuve muchos problemas de salud, así que cuando la gente de mi entorno me decía esas tres palabras, de forma inconsciente yo pensaba: «Así es como hay que enfrentarse a las cosas. Tengo que demostrarle a todo el mundo que soy fuerte a pesar de todas las cosas malas que me pasan».

Aquí me tienes de mayor, casada, con hijos y poniéndome la armadura de hacerme la fuerte cada vez que la necesito. No sé hacer otra cosa. Creo que, en ciertos aspectos, me ha sido de ayuda y me ha servido para enfrentarme a un divorcio, a un marido infiel, a tres años sin encontrar trabajo y, más recientemente, a un cáncer. Mi habilidad para hacerme la fuerte me ha ayudado a ser la madre que mis hijos necesitaban y a cuidar de mí misma cuando lo he necesitado, porque eso de pedir ayuda a los demás... de mostrarse vulnerable... no va conmigo.

El «sé fuerte» funciona (hasta que un día deja de hacerlo). Cuando lo ponemos en práctica, desarrollamos el hábito de la fuerza y, al mismo tiempo, aprendemos a mantener las emociones a raya. Tenerlas bajo control se convierte en nuestra definición particular de lo que significa ser fuerte.

La gente nos felicita; hasta nos elogiamos entre nosotras. Si me dieran un dólar por cada vez que alguien me ha dicho «Eres increíblemente fuerte, creo que yo no sería capaz de soportar todo lo que te ha pasado a ti», sería una mujer rica. Entre nosotras, si me dieran un dólar por cada vez que le he dicho eso mismo a otra mujer, sería aún más rica.

Por nuestra condición de mujeres, se nos enseña a repetirnos la frase de marras las unas a las otras para hacernos sentir mejor. Por desgracia, cuando alguien se enfrenta a un trago tan duro como un divorcio, una enfermedad o la muerte de un familiar, le decimos que sea fuerte. Como si la alternativa —derrumbarse— estuviera mal.

Esta es mi verdad:

No creo que ser fuerte sea malo del todo. De hecho, puede resultarnos muy útil en momentos de necesidad. Como dice Tracie en su historia, la costumbre de ser fuerte le sirvió para encarar un divorcio, la pérdida del empleo y un cáncer. Los humanos nacemos resilientes, así que ser fuertes es básicamente un hábito que escogemos.

Y aquí va mi advertencia:

Cuando le decimos a alguien que sea fuerte, lo que le estamos diciendo en realidad es: no te derrumbes, no llores demasiado, no te desmorones, no te vayas «muy allá», porque nosotros, la audiencia de tu dolor, nos sentiremos incómodos. Por supuesto, es una agonía ver a un ser querido pasándolo mal; en general, nos sentimos incómodos cuando estamos con alguien que expresa y expone emociones difíciles.

Lo que intento decir es lo siguiente: nos gusta la estabilidad. Nos gustan la felicidad y el pensamiento positivo. Por eso, para no sentirnos incómodos y vulnerables, les pedimos a los demás que sean fuertes.

Y me gustaría que, entre todas, le diéramos la vuelta.

¿CUÁL ES EL ORIGEN DE ESTE COMPORTAMIENTO?

Empieza aclarando esa historia que te has inventado sobre los sentimientos. ¿Qué es lo contrario a ser fuerte? ¿Qué modelos de comportamiento tuviste? ¿Tus padres mostraban emociones en tu presencia? Puede que sí y que no hubiera límites. Por ejemplo, se enfadaban o gritaban, pero luego nunca recogían los desastres resultantes ni se sentaban a hablarlo contigo. O cuando eras tú la que expresaba sus emociones, escuchabas cosas como estas:

- Aguántate.
- Deja de portarte como un bebé.
- No tengo tiempo para eso.
- No pasa nada; estás bien.
- Supéralo de una vez.

Si de pequeña te enseñaron a avergonzarte de tus emociones, seguro que ha influido en tu forma de expresarte (o no expresarte) en la edad adulta. En algún momento de nuestra vida, a todos nos han hecho sentir mal por mostrar ciertos sentimientos. Es una sensación muy desconcertante, aunque en el fondo se haga con buena intención. Por ejemplo, cuando tenías miedo y alguien te decía que «no hay nada que temer». Esa clase de consejos pueden acompañarte toda la vida y convencerte a un nivel superior para que te hagas la fuerte.

Cuando tenía dieciocho años, el divorcio de mis padres me cogió por sorpresa. Tengo hermanastros bastante mayores que yo, así que podríamos decir que lo viví como si fuera hija única. Me mandaron a una terapeuta y juré que no lloraría en su consulta; era como una fijación. Les repetí una y otra vez, a ella y a mis padres, que estaba bien. Entonces no se lo conté a nadie, pero sentía que mi comportamiento no solo me protegía a mí misma de las emociones más negativas, sino que también protegía a mis seres queridos. No quería que mis padres supieran que el fin de su matrimonio me estaba haciendo daño. Me decía a mí misma que, si mostraba mis emociones, les haría daño, y quería evitarlo a toda costa.

Estaba convencida de que, si abría la puerta, aunque solo fuese una rendija, y dejaba asomar los sentimientos, saldría todo de golpe, lo de ahora y lo de antes, como los restos de un tornado, y le harían daño a todo aquel que estuviera cerca. Por eso cerré con llave, me puse la máscara de ser fuerte, la llevé como si fuera una medalla y seguí con mi vida.

Al igual que en la historia de Tracie, cuando alguien dice «Qué fuerte eres», eso produce un efecto muy poderoso. Tanto si te lo han dicho como si lo has dicho tú, te has convencido de que ser fuerte es la forma de superar las épocas desagradables de la vida. Ser fuerte equivalía a sobrevivir, y rendirse al dolor daba mucho miedo. Era evidente cuál ibas a escoger.

Hiperindependencia

Si «Sé Fuerte» tuviera una hermana, se llamaría «Hiperindependencia». Es posible que mucha gente la conozca. Quiere hacerlo todo ella sola y, cuando la cosa se complica o tiene algún problema, no se lo dirá a nadie ni pedirá ayuda aunque le vaya la vida en ello. Se parece al aislamiento y a la tendencia a esconderse (ver capítulo 2), pero con algunas diferencias. Las mujeres hiperindependientes se repiten cosas como estas:

- Tengo que ser más autosuficiente.
- No necesito hablar con nadie de mis necesidades.
- Si lo quieres bien hecho, hazlo tú misma.
- Soy la única que puede hacerlo.

También creen que confiar en alguien, ya sea por amor, compañía o lo que sea, es ser dependiente, débil e infantil. Y por supuesto, no les interesa nada de todo eso.

Mucha gente la alaba por ser tan independiente. Por ser feliz y haber triunfado sin ayuda de nadie. Pero, por dentro, cada vez le cuesta más sentirse feliz y satisfecha sin hacer ninguna de esas cosas que hacen los humanos, como necesitar la compañía de sus semejantes.

CÓMO SOLUCIONARLO

Voy a hacer una pregunta muy loca: ¿y si derrumbarse de vez en cuando no tuviera nada de malo? Llorar cuando lo necesitamos, enfadarnos cuando nos surge, tirarnos al suelo de rodillas cuando nos sentimos derrotados y simplemente dejarnos arrastrar por los sentimientos. ¿Qué pasaría si pudiéramos ir un paso más allá y hacer todas esas cosas en presencia de otra persona? ¿Y si fuéramos capaces de estar incómodas y de tener miedo en compañía de alguien y sentir que esa persona nos quiere más porque nos ha visto tal y como somos? ¿Y si pudiéramos vivir esa situación en el mundo real, sabiendo que al final estaremos bien? Habrá quien piense: «¿Te estás quedando conmigo o qué? ¿Derrumbarte delante de alguien?». Entiendo esa inquietud. Esto es algo en lo que se invierte mucho trabajo. Por el momento, lo guardaremos en el bolsillo de atrás de los pantalones.

Ser fuerte no equivale a superar sucesos y circunstancias complicadas sin sentirlas lo más mínimo. Ser fuerte no significa tragarse el nudo de la garganta. Ser fuerte no implica enterrar los sentimientos en las profundidades del alma.

Abre el corazón y la mente a una nueva perspectiva de fortaleza y resiliencia, una visión que te permitirá aceptarte y reconocerte, a ti misma y a tus circunstancias, las duras y las espectaculares.

Enfréntate a los sentimientos

Ahora ya sabes que ser fuerte no es lo mismo que abrirse paso por la vida apartando a empujones cualquier cosa que huela a problema, pero ¿en qué consiste esta nueva perspectiva? Ser fuerte significa avanzar con paso decidido hacia las emociones negativas como la rabia, la decepción, el remordimiento, la tristeza, la pena, el miedo y la pérdida, y también hacia los sentimientos considerados tradicionalmente buenos, como la alegría, el amor, la emoción, la dicha y el éxito. Todos pueden ser difíciles de soportar.

Ser fuerte es poner el foco en ellos y sentirlos. Mostrarse curiosa, desembalar más sentimientos y conocerlos también. Es como cuando tiramos de un hilo y el jersey se empieza a deshacer: cuanta más curiosidad sintamos por lo que estamos experimentando, más fácil nos será recuperar más sentimientos y procesarlos.

Eso sí que es ser fuerte.

La expresión de las emociones es un tema que, tarde o temprano, siempre acaba saliendo. De entre todas, el dolor y la rabia son las que las mujeres suelen ocultar más a menudo cuando deciden «hacerse las fuertes».

Por ejemplo, una de mis clientas, Jessica, tenía sentimientos sin resolver con respecto a su padre. Decía que aún estaba furiosa con él y que nunca había sido capaz de expresarlo por completo. Le pregunté: «¿Qué te da miedo que ocurra si dejas que la rabia y la ira que sientes suban a la superficie?». Ella respondió: «Me da miedo que sea demasiado para mí y no sepa gestionarlo». Insistí: «Y luego ¿qué?». Esta vez, Jessica se quedó callada un momento antes de responder: «Me da miedo echarme a llorar y no ser capaz de parar, y también temo perder el control. Y no me gusta».

Por fin avanzamos.

Le puse deberes a Jessica: enfadarse. ¿Qué podía hacer para conjurar esos sentimientos? Me dijo que tenía unas fotos que seguro que funcionaban y se comprometió a realizar el ejercicio.

Unos días más tarde recibí un mensaje acompañado de una fotografía. Había una cama con una manta, una guía telefónica destrozada y una caja de pañuelos. El texto de Jessica decía: «Aquí están mi montaña de pañuelos y la guía telefónica que he destrozado con una maza de goma. He llorado y me he enfadado durante más o menos una hora y luego me he quedado dormida otra hora más». Al cabo de poco tiempo pude hablar con ella y le pregunté cómo había ido. Me dijo que poco antes de empezar se había puesto muy nerviosa, como si su cuerpo supiera lo que iba a pasar y estuviera listo para liberar energía. Había necesitado unos minutos y mucha concentración para controlarse hasta que llegara el momento. Al acabar, se sentía mejor, aliviada y más tranquila.

Con esto no quiero decir que Jessica esté curada de sus problemas. Puede que le vuelva a pasar en el futuro y tendrá que repetir el proceso. Este ejercicio es muy útil porque no solo libera sentimientos que lo estaban pidiendo a gritos, sino que además genera confianza en una misma. Jessica ahora ya sabe que puede exteriorizar sus sentimientos y, una vez terminado el ejercicio, estar perfectamente bien. El mundo no le ha estallado en la cara.

Ríndete a tu cuerpo

Evitar los sentimientos es una forma de engañarnos y hacernos creer que controlamos la situación. Cuando expresamos emociones, nos entregamos a nuestros cuerpos y dejamos que estos hagan lo que tengan que hacer en vez de intentar imponer siempre nuestra visión. Para muchas de nosotras, rendirnos a nuestro cuerpo es un concepto desconocido.

Pero algunas situaciones lo requieren. Una pregunta para aquellas que hayáis dado a luz: ¿qué habría ocurrido si hubierais intentado retener al bebé en vuestro interior una vez empezado el parto? Exacto, imposible. ¿Y vomitar? Asqueroso, lo sé, pero tampoco se puede contener. El cuerpo sabe qué cosas deben ser eliminadas y te cuida deshaciéndose de lo que no necesita.

Lo mismo ocurre con los sentimientos. El cuerpo sabe lo que tiene que hacer.

De nuevo estamos hablando de una de esas situaciones en las que los dos resultados parecen igual de malos. Cuando sentimos que una emoción se desborda, tenemos dos opciones:

1. Empujarla hacia el fondo. Somos «duras». Sí, es duro porque requiere un gran esfuerzo. Sobre todo cuando nuestra forma de mantener los sentimientos a buen recaudo es bloqueándolos, evitarlos diciéndole a todo el mundo que estamos perfectamente o echándoles la culpa a los demás.

2. Expresarla. Esta opción también resulta agónica, porque a nadie le apetece llorar hasta quedarse sin lágrimas ni gritar con la cabeza escondida debajo de la almohada. Al fin y al cabo, el dolor es eso, dolor.

Las dos opciones son complicadas, pero la primera ya la conoces y estás acostumbrada a ella, así que la escoges. Después de todo, tú no tienes la culpa. Lo más probable es que te hayan enseñado a comportarte así. A ponerte la máscara de persona firme e inflexible, a salir a la calle y ser fuerte. Estás entrenada para no permitir que nadie se acerque demasiado.

Llevas haciéndolo toda la vida. Te resulta fácil porque lo dominas. Pero sé que esta farsa es agotadora. Además, todos esos sentimientos que has acallado o traspasado a otra persona necesitan ser expresados. No puedes enterrarlos y esperar que se mueran. No funciona así. Se esconden por todo el cuerpo y se materializan en forma de inseguridades, enfados, enfermedades, ansiedad, insomnio y, en algunos casos, depresión.

¿Qué tal si definimos lo que significa ser fuerte?

• Pedir ayuda.
• No hacerlo todo sola porque es lo que solemos hacer las mujeres.
• Sentir las emociones en lugar de anestesiarlas, ignorarlas o herir a terceros para aliviar el dolor.

Tampoco debes alimentar la idea de que algunas situaciones son todo o nada: o sucumbes bajo el peso de los senti-

mientos cada segundo de cada día y te derrumbas en el trabajo y tus hijos te ven hecha un desastre o... te aguantas y te
haces la fuerte.

No tiene por qué ser o todo o nada. A veces la mejor opción es contenerse hasta encontrar un momento mejor y, solo
entonces, abrir las compuertas y liberar las emociones. Quizá
tengas que esperar un día entero porque necesitas la ayuda de
una amiga que esté dispuesta a escuchar tu historia. Pero
cuidado. Cuando hay que esperar tanto, la tendencia es a recuperar las costumbres de toda la vida, en este caso, enterrar
las emociones. Sé responsable de tus acciones y plantéate la
posibilidad de redefinir el significado de ser fuerte.

Tú ya sabes cuándo estás ocultando tus sentimientos para,
a cambio, parecer más fuerte. Eso es lo que quiero que exami-
nes a continuación. Empezaremos por aquí.

La clave es ser consciente

Es probable que lo más importante de este hábito sea saber
cuándo lo estás poniendo en práctica, como ocurre con el
resto de las emociones. Si tienes la sensación de que te has
inventado una identidad falsa que depende de una supuesta
fortaleza, ahora ya lo sabes. Las preguntas que aparecen al
final del capítulo te serán muy útiles para cavar hasta lo más
profundo.

Cuando te sorprendas cayendo de nuevo en el discurso
interior y diciéndote cosas del estilo de «aguántate, bonita» o
«pon tu mejor cara de póker», debes tener claro que es la voz
crítica la que habla. Tiene miedo de parecer débil y vulnerable; está claro que necesita un buen psicólogo.

Entiende que ser fuerte no es una medalla, que no abrirá ninguna puerta ni te hará mejor persona. Hacia el final de nuestra vida, nos damos cuenta de que nadie gana. Puede que al principio la estrategia te funcione, y digo «funcione» porque sé que lo que buscas en realidad es la validación externa, no tener que lidiar con los problemas y las emociones. Y eso, a la larga no resolverá nada.

Solo harás las paces con tu yo fuerte cuando te des permiso para sentir. En concreto, es un comportamiento que se puede evitar buscando la complicidad de un testigo compasivo.

Nadie duda de tu fuerza ni de tu resiliencia. Naciste para enfrentarte a los problemas de la vida y, gracias a ellos, eres quien eres. Puedes ser muchas cosas: resiliente, fuerte, imperfecta y una obra inacabada. Hasta qué punto estés dispuesta a rendirte a la vida, aunque eso signifique abandonar el hábito de «ser fuerte», está directamente relacionado con la felicidad.

Te animo a seguir en esa dirección para poder construir más confianza, más valor y más alegría de vivir.

Hazte las siguientes preguntas:

- ¿Qué te dices a ti misma que es lo contrario de «ser fuerte»?

- ¿Consideras que te has deshecho de tus sentimientos para ser fuerte? Si es así, ¿por qué crees que ha sido?

- ¿Hay algo que temes que pueda ocurrir si no eres lo bastante fuerte o si la gente percibe que no lo eres?

- ¿Crees que desarrollar el hábito de ser fuerte te ha hecho evitar cosas concretas en la vida? ¿Cuáles?

- ¿Qué puedes hacer para cambiarlo?

10

«Deja que lo haga yo»: Renunciar al control

Si la gente hiciera lo que le digo, todo iría mucho mejor.

Juro que, durante mucho tiempo, ese fue mi mantra favorito, y encima me lo creía a pies juntillas. Si mi vida era un desastre, era por culpa de los demás. Si hubieran hecho lo que les decía, todos habríamos sido mucho más felices. (Aún me pregunto cómo es posible que tuviera amigos en esa época de mi vida.)

Con veintidós años tuve mi primer trabajo de verdad. Mi jefa (que luego descubrí que era la Reina de los Obsesos del Control) me dijo en la primera semana: «Hay muy pocas cosas sobre las que tengamos un control total, así que esfuérzate con las que sí podemos controlar». En el momento en que se produjo aquella conversación, se refería a mi mesa —me estaba aconsejando que mantuviera mi lugar de trabajo ordenado—, pero yo me tomé sus palabras al pie de la letra y pisé el acelerador. A ver, que tenía razón. No podemos controlarlo todo, pero una mujer joven como yo, fuerte, ambiciosa y perfeccionista, estaba dispuesta a morir en el intento.

Los seres humanos necesitamos tener certidumbres. Algunos mantienen que somos adictos a ellas. Mi amiga Christine Hassler, autora de *Expectation Hangover*, dice: «La gente quiere controlarlo todo y saber qué le espera. Cuando no podemos averiguarlo nosotros solos, vamos a un vidente para que nos dé respuestas».

Yo sentía que si podía controlarlo todo (incluidas las personas de mi entorno), la incertidumbre, la inquietud y la ansiedad desaparecerían de mi vida. La gente que siente que no puede controlar su vida, sus emociones e incluso a sí misma, suele intentar controlar a los demás y yo no era una excepción.

Lo curioso es que empieza siendo algo bueno. Los controladores son eficientes, responsables, inteligentes y productivos. Son capaces de encontrar la mejor forma de encaminar un proyecto o una situación complicada. Cuando las cosas se pongan difíciles, seguramente desearás tener uno a tu lado.

Luego está la puñetera línea, por supuesto. En cuanto la cruzas, la cosa empieza a desmadrarse. Los maniáticos del control tienen muy pocos límites cuando se trata de levantar el pie del acelerador, delegar y confiar en los demás. Todo se les va de las manos a una velocidad de vértigo y, cuando eso ocurre, es mejor apartarse, porque en cualquier momento pueden estallar en llamas por la ferocidad con la que necesitan controlar todo lo que tienen a su alcance.

Lo cierto es que las personas que tienen problemas con el control no van por ahí ladrando órdenes y persiguiendo a los demás con una libretita en la mano. Les gusta gestionar cosas mucho más pequeñas. Un ejemplo típico sería su casa: se empecinan en que las cosas estén de una determinada manera y se vuelven locos si algo no está en su sitio.

O a veces se obsesionan con los horarios y los itinerarios, y basta con un simple cambio para que se pongan nerviosos o se enfaden. En el trabajo, se hacen cargo de todas o casi todas las responsabilidades, y si delegan, te los encontrarás asomados por encima de tu hombro, observándote y comentando la tarea que te han encomendado.

Si tienen hijos, volcarán todos sus esfuerzos en ellos. Controlan hasta el último bocado que entra en sus bocas, monitorizan sus horarios, no les dan la oportunidad de cometer errores ni cosechar éxitos por sí mismos.

Así pues, ¿dónde está la línea entre preocuparte por la seguridad de tus hijos y controlarlo todo? ¿Entre ser hipereficiente en el trabajo e invadir el espacio y los proyectos ajenos como un elefante en una cacharrería? Vamos a averiguarlo.

¿QUÉ HAY DEBAJO?

No voy a medir mis palabras: la gente que tiene problemas con el control vive aterrorizada. Le tienen tanto miedo a lo que pueda ocurrir si no controlan el resultado de cada situación que apartan a un lado los sentimientos ajenos y las relaciones con su entorno (y a veces hasta la cordura) y se concentran solo en aquello que pueden controlar.

Aunque por aquel entonces yo no lo sabía, en el punto álgido de mi carrera como controladora mis problemas subyacentes eran un bajo nivel de autoestima, inseguridades y falta de confianza. En la superficie, creía saber qué era lo mejor para todo el mundo y estaba convencida de que, si me hacían caso, sus vidas serían mucho mejores. Cada vez que conseguía un resultado positivo o arreglaba un problema ajeno, me sentía bien conmigo misma.

Cuantas más cosas tenía a mi cargo, mejor me sentía, porque así me aseguraba un mayor nivel de control. Pero, en realidad, todo aquello no era más que una distracción para no tener que fijarme en todos mis problemas reales. El corazón roto, la pena, la presión, el miedo y la confusión. Cosas a las que todo el mundo se enfrenta tarde o temprano. No sé si era consciente de que todo aquello corría por debajo de la superficie, pero a la pequeña parte de mí que sí lo sabía le daba pánico reconocerlo. Muchas controladoras crónicas lo son para evitar el dolor y los problemas que asolan sus vidas. Les cuesta tanto admitir su propia zozobra que prefieren meter la nariz en los asuntos ajenos.

Muchas controladoras crónicas lo son para evitar el dolor
y los problemas que asolan su vida.

Las controladoras crónicas también se sienten emocionalmente inseguras. Cuando, por casualidad, vislumbraba los sentimientos y las emociones que con tanto esfuerzo había conseguido esconder bajo la superficie, me asustaba como cuando atraviesas una telaraña. Agitas los brazos para quitártela de encima y rezas para que la araña no esté paseándose por tu pelo o por tu cara. Así me sentía yo con mis propias emociones. Salía corriendo y buscaba otra cosa de la que hacerme cargo y poder controlar.

Las controladoras también suelen tener problemas de perfeccionismo. Quieren crear las normas, conocer las respuestas, tener razón siempre y estar perfectas a todas horas. Para hacer todo eso, una perfeccionista necesita controlar. Se convierte en un círculo vicioso, porque cuando no consiguen ser perfectas (algo que acaba ocurriendo), en lugar de cuestionar su condición de perfeccionistas, intentan controlar aún más. Y el ciclo se repite.

Lo que tampoco quiero es que nadie piense que es irracional querer sentirse segura y a salvo. Es lo que queremos todos; lo normal. Y tampoco pasa nada por intentar tener las cosas bajo control. La pregunta que quiero que todo el mundo se haga es: ¿la necesidad de control afecta negativamente a tu vida? Dicho de otra manera, ¿se te escapa de las manos? Seguimos con el tema.

CÓMO SOLUCIONARLO

En el primer capítulo dije que para cambiar el discurso negativo había que dejar de estar en guerra con una misma. Pues con el control pasa algo parecido: hay que dejar de luchar contra una misma y aprender a rendirse. Habrá quien piense que va a tener que aprender a «soltarse», lo cual es como si le dicen que tiene que cortarse un brazo. Que tiene que dejar que los demás hagan lo que quieran y confiar en que todo salga bien sin su ayuda. Por si fuera poco, necesita aprender a mostrarse indiferente, porque a partir de ahora va a tener que renunciar a todo. Que no cunda el pánico, que no es eso.

Rendirse significa dejar de luchar, de resistirse, de actuar como si tu vida dependiera de tener el poder sobre todas las cosas y sobre todas las personas, y no es eso.

Antes, cuando he dicho que los comportamientos controladores están relacionados con el miedo, puede que tu primera reacción haya sido resistirte. Crees que haces las cosas mejor que los demás y que tu opinión es la que vale. Cuando sostienes este tipo de creencias, lo que haces es luchar contra el universo. Te estás resistiendo al devenir natural de las cosas.

Necesito hacerte una pregunta muy importante: ¿qué crees que pasaría si dejaras de controlarlo todo y por qué te da tanto miedo?

¿Qué crees que pasaría si dejaras de controlarlo todo
y por qué te da tanto miedo?

¿Temes que el mundo se derrumbe a tu alrededor? ¿Que tu vida sea más difícil? ¿Que los demás te juzguen por no asumir toda la responsabilidad? ¿Tienes miedo a que la rendición sea demasiado dura, a que se parezca peligrosamente a tirar la toalla? ¿Tu identidad depende de tu condición de persona con éxito, eficiente y productiva?

Si has respondido que sí a todo, tranquila, te entiendo. A veces sentimos que el control es lo que trae certidumbre a nuestra vida. Puedo asegurar que, del mismo modo que sé que el amor es real, también sé que el control no te llevará a ninguna parte, porque es un billete solo de ida para un tren que tarde o temprano va a descarrilar. Y eso lo digo yo, que me tatué la palabra «rendición» en el brazo para recordarme a mí misma que la vida es mejor cuando no la arrastras del pescuezo.

Volvamos a la cuestión de los comportamientos negativos relacionados con el control que afectan a tu vida. Por ejemplo, es normal querer mantener la casa ordenada después de pasarte el día limpiando, pero ¿te enfadas con la familia por hacer cosas tan normales como... vivir? ¿En qué podrías ser más flexible? Entiendo que se pueden perder los nervios cuando los niños corren por la casa con los zapatos llenos de barro y lo dejan todo hecho un desastre, pero ¿en algún momento podrías aflojar un poco? ¿Estás haciendo que tu familia viva de puntillas por culpa de tu necesidad de controlar todos sus movimientos?

O en el trabajo, si los compañeros expresan su preocupación por tus formas controladoras, o tú ya sabes que te comportas así, ¿estás dispuesta a comprometerte a cambiar algunas cosas? No se trata de romper con todo, sino de revisar tu comportamiento y hacer pequeños cambios. Al fin y al cabo, un hábito como este podría causar estragos en tus relaciones personales y profesionales, además de provocar una sensación de estrés insoportable.

Quizá creas que el control te hace más feliz, pero estoy segura de que es al contrario. Eres una mujer inteligente y cualificada. Por eso sé que eres capaz de desaprender el hábito y de crear uno nuevo mucho más acorde con cómo quieres ser y que, además, te ayudará a encontrar el equilibrio en tu vida.

Cierra el pico

Otra forma de romper con el hábito es evitar los consejos como norma. A muchas controladoras les encanta dar consejos, casi siempre sin que se los hayan pedido. El reto consiste en no abrir la boca aunque estés completamente segura de que alguien está mandando su vida al garete. Ya lo sé, ojalá te hicieran caso, serían mucho más felices, seguro, y, ay, Dios, qué mal se pasa viendo que no hacen lo que deberían hacer. Agotador, ¿verdad? Y eso sin mencionar que la mitad de las veces, cuando le das un consejo a alguien, no lo sigue (aunque te lo haya pedido), lo cual resulta frustrante y te cabrea.

Si la idea de no volver a dar un solo consejo te resulta inconcebible, prueba esto: cuando veas a alguien de tu entorno pasándolo mal, dile una sola cosa muy sencilla: «Si necesitas ayuda, cuenta conmigo». Nada de sugerencias ni de indirectas. Nada de comentarios pasivo-agresivos para que quede claro que sabes qué es lo que les conviene aunque te lo calles. Solo pídele que te avise si necesita ayuda. Y dale un voto de confianza, a la espera de que te avise para actuar.

Genera confianza en ti misma

Hablando de confianza, la gente que encuentra la paz controlando las vidas ajenas suele tener problemas para confiar en sí misma y en los demás. Si no fuera así, no sentirían la necesidad de forzar las cosas para llevárselas a su terreno. La controladora suele tener problemas de inseguridad, y la idea de no llevar las riendas le resulta aterradora. No confía en sus emociones ni en sus habilidades. Ni siquiera en su instinto.

En el capítulo 2 ya hablamos de la confianza; de la confianza en los demás para ser exactos. Pero ¿qué pasa con la confianza en nosotras mismas?

La autoconfianza es uno de esos temas en apariencia complicados que desconcierta a muchas de mis clientas. Empecemos por el principio. La autoconfianza es:

- La habilidad para saber que, en una situación determinada, las decisiones que tomas son las correctas para ti. Aunque acabes pensando que te has equivocado, sabes que has aprendido una lección muy valiosa.
- Saber que estás bien, por muchas pruebas que te ponga la vida.
- Olvidarte de los resultados y saber que todo irá bien, incluso cuando las cosas no salgan como querías, siempre que estés orgullosa de tu implicación y te ocupes de arreglar cualquier entuerto que hayas podido ocasionar.

La confianza proviene del pensamiento, pero la autoconfianza nace en el corazón. Ya sé que suena un poco esotérico y difícil de entender, pero intentémoslo con el siguiente ejercicio. Supongamos que tenemos que escoger entre A y B. Sobre el papel, la opción A es la mejor. Toda la información que hemos reunido para tomar esta decisión nos dice que apostemos por la A... pero el instinto nos dice lo contrario. No sabemos por qué, pero algo nos dice que elijamos la B.

¿Qué harías?

Todas hemos vivido alguna situación en la que no hicimos caso a nuestro instinto y, al final, nos dimos cuenta de que nos equivocamos al no hacerlo.

Con esto no quiero decir que debas dejar de escuchar consejos o de buscar información que pueda serte útil. Ambas cosas son importantes, como también lo es escuchar a la voz interior. Cuanto más confíes en la intuición, más pruebas tendrás de que el instinto siempre está de tu parte y más autoconfianza irás desarrollando. Cuanta más tengas, menor será tu necesidad de controlarlo todo.

Una de las confusiones más comunes que oigo, y que yo misma he vivido en primera persona, es que muchas de nosotras hemos cometido errores en el pasado. A veces hemos ido en contra de nuestras propias intuiciones, o directamente no hemos tenido ninguna, hemos criticado nuestra decisión o hemos acudido a otra persona en busca de consejo para que nos confirmara que estábamos tomando la decisión correcta. En realidad, la autoconfianza no ha existido porque ni siquiera nos hemos dado la oportunidad de ponerla en práctica.

Uno de los elementos clave en este proceso de aprendizaje es pasar más tiempo en reposo. Sí, ya lo sé, para algunas es algo antinatural y forzado, pero es imposible escuchar a la intuición y aprender a confiar en una misma si vas de aquí para allá como un pollo sin cabeza, imponiendo tu tiranía como si te fuera la vida en ello. Siempre explico (medio en broma, medio en serio) que cuando practico el reposo me siento como una gata a la que acaban de tirar dentro de una bañera llena de agua: mojada, cabreada e intentando salir de ahí como sea. Para algunas, el reposo puede parecer una pérdida de tiempo, pero estoy convencida de que es la única vía. Prácticas como la meditación, el yoga o las excursiones a la naturaleza te ayudarán a conocer un lado más profundo y sabio de ti misma.

Empieza poco a poco, cinco minutos al día, y enseguida notarás los resultados.

Ten en cuenta tus propios problemas

Otra herramienta para superar la necesidad de control es buscar la ayuda que necesitas para tratar tus propios problemas. Como he dicho antes, las controladoras crónicas buscan una distracción que les permita ignorar el dolor que recorre sus vidas. Se sienten mejor «ayudando» a los demás, así que se meten en los asuntos ajenos y evitan los suyos propios. Se saben más útiles y con un objetivo concreto, pero, en general, es una forma falsa e imaginaria de sentirse mejor.

Todo lo que te hace infeliz —el dolor, los problemas, la inquietud, la vergüenza, el miedo y lo desconocido— no tiene intención de irse a ninguna parte. Controlar a todo el mundo, intentar que vean las cosas a tu manera, repartir consejos que nadie te ha pedido y gestionar las pequeñas cosas a diestro y siniestro son formas de ganar tiempo hasta que reúnas el valor de revisar la basura que hay a tu alrededor. ¿Problemas con la familia? Necesitas un terapeuta. ¿Algún trauma? ¡Bienvenida al club! Que cada una trabaje su trauma o lea sobre el tema. ¿Problemas de comunicación? Hay muchos recursos a tu alcance.

En conclusión: aferrarte al control te alejará aún más del bienestar que pretendes alcanzar. Busca bajo la superficie, aunque te dé miedo. Lo que encontrarás ahí abajo tiene el poder de hacerte feliz. Liberarte de la necesidad de control te permitirá disfrutar más de la vida y conseguir que tus relaciones se fortalezcan.

Hazte las siguientes preguntas:

- ¿Crees que tu tendencia al control provoca un efecto negativo en tu vida? ¿Consideras que a veces se te escapa de las manos?

- ¿Qué crees que pasaría si dejaras de controlar? ¿Qué es lo que te da miedo?

- ¿En qué punto te encuentras con respecto a la autoconfianza? ¿Qué puedes hacer para mejorarla?

- ¿Qué crees que es lo que provoca tu comportamiento controlador? Si buscaras bajo la superficie, ¿qué encontrarías?

11

El cielo se cae:
Prepárate para la catástrofe

Me preguntas qué es *catastrofizar*. ¿Una banda de punk? Sería un buen nombre, la verdad. Pero, en realidad, es uno de los hábitos que hacen que las mujeres nos sintamos como si no valiéramos nada.

Así es como se *catastrofiza*. Supongamos que la vida te trata bien. Mejor que bien: genial. Tienes un buen trabajo, tu relación va viento en popa y la cuenta del banco no está en números rojos. Estás más contenta que unas castañuelas hasta que, de pronto, piensas: «Esto no puede durar mucho más. Me pregunto cuándo se irá todo al garete». O puede que estés embarazada, por fin, después de meses intentándolo. Un buen día, empiezas a obsesionarte con los abortos espontáneos. Buscas estadísticas en Google y te preguntas cuándo te pasará a ti.

A veces no puedo evitar caer en los viejos hábitos. Salgo a dar una vuelta. Los niños son felices y están sanos, mi matrimonio va bien, el negocio también, tengo unos amigos maravillosos y, de repente, me oigo a mí misma pensando: «¿Cuándo me empezará a ir mal en algo?». No recuerdo la cantidad de veces que he planeado mi propio funeral: qué música se escucharía, quién saldría a hablar y hasta quién pasaría de ir.

O peor aún, y más difícil de admitir, las veces que me he imaginado que a uno de mis hijos le diagnosticaban una enfermedad terminal o que alguien los secuestraba. ¿Sobreviviría mi matrimonio a una experiencia como esa? ¿Volvería a beber?

Es como llevar un cupón a punto de caducar en la cartera en el que pone «vale por tu felicidad», de modo que me voy preparando para lo inevitable. Rápido, que alguien traiga unos conos y me señalice.

Esto es como probarse el vestido de novia pero, en vez del vestido, te pruebas la tragedia, a ver qué tal te queda. También se conoce como «esperar a que caiga el otro zapato» o, mi preferida, *catastrofizar*. Es una costumbre común entre las mujeres, que no suelen ser conscientes de que lo hacen. No solo eso, tampoco saben hasta qué punto les afecta de manera negativa. En esencia, las catastrofistas ensayan la tragedia y se sienten tan incómodas cuando todo les va bien que no saben cómo relajarse y vivir con todas las cosas geniales que les pasan. No saben aceptar la felicidad.

Nisha, una neoyorquina de treinta años, nos dice:

> Catastrofizar me ha traído muchos problemas, tanto en mi vida profesional como en la personal. Es como si solo pudiera ser feliz hasta que algo en mi interior intenta arrastrarme hacia el fondo y limitar la cantidad de felicidad que puedo sentir. Hace poco conocí a un chico maravilloso con el que compartir la vida, pero me resulta tan incómodo, tan extraño, que no puedo evitar preguntarme cuándo lo dejaremos y por qué, cómo acabaremos cada uno y si ya hay una señal de que el principio del fin se acerca.
>
> Parte del miedo se debe a que se me hace raro saberme feliz, sentir algo tan distinto a lo que he conocido hasta ahora.

Se me da bien ser la Nisha que catastrofiza; lo que no sé es comportarme como alguien que abraza la felicidad.

En el caso de esta relación, cuando me siento y pienso en lo maravillosa que es, la sensación es tan potente que me asusta. Porque en el fondo lo que hago es decirme a mí misma que no me la merezco o que acabaré perdiéndola tarde o temprano. Siento que si la acepto y algún día se acaba, lo pasaré peor.

Lo curioso, y contradictorio, de la felicidad es que casi todo el mundo se incomoda cuando la siente. Por supuesto que a todos nos gusta estar contentos y es lo que buscamos como seres humanos que somos, pero la auténtica felicidad, esa sensación desbordante que es la suma del amor, la alegría, la dicha y la seguridad, a veces puede resultar abrumadora. Porque, tal y como dice Nisha, tenemos un pálpito, sabemos que acabará pasando algo malo. Conocemos tan bien la decepción, el fracaso e incluso la pena, que recibir la alegría con los brazos abiertos es demasiado arriesgado. Es como si subiéramos por una vieja escalera desvencijada; sabemos que, tarde o temprano, acabaremos precipitándonos al vacío. Cuanto más subimos, más nos arriesgamos y más fuerte será la caída. Es mucho más seguro subir un par de peldaños, o ninguno, ya que el dolor es evitable. No hay que arriesgarse. Nos convencemos de que podemos minimizar el dolor de la caída controlando la cantidad de felicidad que nos permitimos sentir.

Nos convencemos de que podemos minimizar el dolor de la caída controlando la cantidad de felicidad que nos permitimos sentir.

¿Cuál es el origen?

Para muchas de nosotras, sobrellevar emociones como la alegría y la felicidad puede resultar muy complicado, además de que nos hace sentir inseguras o incómodas. Por eso muchas veces preferimos evitarlas. En algún momento decidimos que si eludimos la alegría desde el principio no asumimos tantos riesgos y nos evitamos todo el rollo ese de la vulnerabilidad.

Si levantamos unas cuantas capas y cavamos un poco más, descubrimos que el problema subyacente es nuestra propia valía: «¿Quién soy yo para tener tanto amor y tanta felicidad? ¿Quién soy yo para merecer a toda esta gente que forma parte de mi vida y que me quiere y me acepta tal como soy? ¿Y si se enteran de que a veces se me hace todo cuesta arriba? ¿Y si descubren lo imperfectas que somos mi vida y yo? ¿Me querrían y me aceptarían igualmente?».

Seguro que a muchas personas les suena familiar, porque casi todas repetimos la misma cantinela. Y ya sé que para mí es muy fácil estar aquí sentada diciéndote lo mucho que vales y todas esas cosas tan bonitas e importantes, y tan ciertas, pero el trabajo de verdad se hace estando presente. Tragándonos la sensación de incomodidad mientras el cerebro nos dice: «¡PELIGRO! ¡CORRE!». Mientras no seamos capaces de sentarnos y respirar profundamente, nunca podremos experimentar la felicidad completa.

Cómo solucionarlo

Dejar de catastrofizar puede ser como abandonar la seguridad del refugio que te has creado para defenderte del dolor. Mientras aprendes a superar este hábito, hay una cosa muy importante sobre la que debes pensar y otra igual de primordial que debes hacer.

Disparadores

Un día de verano, mi marido Jason y yo discutimos. Yo me bloqueé y decidí que necesitaba airearme y salir de casa. Mientras conducía, empecé a pensar: «Me va a dejar. Tendremos que vender la casa. Seré madre soltera. ¿Dónde viviré? ¿Qué les diré a los niños?». En cuestión de minutos, ya había trazado un plan para mi futura vida de soltera. Mi marido no había mencionado el divorcio ni una sola vez, ni directa ni indirectamente. Me lo había inventado todo.

Aquí pasaban un par de cosas. Primero, para mí era más fácil y seguro adoptar una actitud de control y de planificación que pensar en la discusión o en mi propia reacción. Segundo, salté como un disparador. Ya he hablado en más de un capítulo sobre la importancia de conocer cuáles son nuestros detonantes, y en el caso del catastrofismo, es otra oportunidad más para estar atentas a esto y modificar el hábito.

Mi ejemplo es muy común: que levanten la mano quienes sepan lo que es el rechazo, el abandono o que alguien simplemente desaparezca de tu vida. Casi todas, si no todas. Esas heridas suelen ser muy difíciles de cerrar. Por eso, en cuanto nos enfrentamos a la posibilidad de que nos abandonen, por pequeña y remota que esta sea, nos inventamos todo tipo de escenarios apocalípticos. Varios estudios sobre el cerebro humano demuestran que esa es la reacción normal ante un detonante, así que no seas demasiado dura contigo misma. Ocurre de forma automática y, por tanto, no la controlamos, pero lo que sí podemos dominar es nuestra reacción una vez que sabemos que ha saltado el disparador.

Aquel día, cuando me di cuenta de lo que estaba haciendo —inventarme películas y perder los nervios—, comprendí que aquel problema era mío. Sabía que tenía una antigua herida a medio cerrar y que la discusión con mi marido la había vuelto a abrir. Darme cuenta de eso me permitió pensar con más claridad y actuar del mismo modo cuando llegó el momento de arreglar las cosas con él.

Repito, cuando te des cuenta de que estás fantaseando con las peores desgracias imaginables o planeando el resto de tu vida a partir de una conversación o de una reacción puntual, debes comprobar si el detonante ha sido una vieja herida y, por lo tanto, si te estás montando una película basándote en eso.

Gratitud

La gratitud, en general, es una práctica muy positiva, además de una gran herramienta para cuando estemos catastrofizando. Quizá ya hayas anotado las tres cosas que te hacen más feliz cada día. Está muy bien, de verdad, pero voy a complicar el reto un poco más porque, con sinceridad, se queda un poco corto. Es un buen comienzo, pero es hora de seguir avanzando y subir de nivel.

Después de hablar con muchas mujeres sobre este tema, he llegado a unas cuantas conclusiones sobre la práctica de la gratitud y cómo se relaciona de forma directa con el hábito:

1. **Las catastrofistas son tan buenas en el conocimiento de la tragedia que eso es lo que esperan encontrar.** Conocen tan de cerca la adversidad, el desamor, la pena y/o la desesperación que en cuanto reconocen cualquiera de esos sentimientos, lo primero que hacen es sacar la alfombra roja. La buena noticia es que no son capaces de sentir gratitud y felicidad hasta que han experimentado lo contrario. Para sentir la luz, antes hay que conocer la oscuridad. ¿Y sabes qué? Que tú estás a medio camino.

2. **Por algo se llama «práctica de la gratitud».** No vas a empezar a pensar de manera automática como un monje budista y seguir así durante muchos años, meditando sobre las cosas que te hacen feliz. Todo este trabajo sobre el que estoy escribiendo (no solo en este capítulo, sino en todo el libro) depende de la práctica. Nadie practica para bailarina de Beyoncé una sola vez y acto seguido sale de gira como una profesional. (¿Qué pasa? También tengo derecho a soñar, ¿no?) Practicas, metes la pata; practicas, piensas en dejarlo; practicas, mejoras un poco; practicas, y así todo el rato. Lo mismo pasa con la gratitud y con el trabajo para superar el catastrofismo.

3. **La práctica de la gratitud se da en pequeños momentos, a veces intrascendentes.** Los momentos más insignificantes de tu vida diaria pueden convertirse en

los más dichosos si les prestas atención durante más de un microsegundo: salir a pasear con alguien a quien quieres, acurrucarte con tu perro o gato, beber el primer trago de café por la mañana o escuchar la risa de tus hijos. Muchos momentos felices ocurren cuando conectamos con los demás, pero disfrutar de los pequeños instantes de soledad también puede hacernos muy dichosas.

Cuando estés disfrutando de uno de esos momentos de gratitud y, de repente, sientas un escalofrío y no puedas evitar pensar «y si arde todo en llamas y no quedan ni las cenizas», debes ser consciente de lo que estás haciendo. El reconocimiento puede ser una de las herramientas más poderosas que hay. Lo que me lleva al siguiente punto...

4. **No dejes de prestar atención.** Si repasamos la historia de Nisha, al principio del capítulo, siendo realistas no podemos pedirle que deje de pensar en cómo terminará su relación. Está muy acostumbrada a inventarse ese tipo de historias sobre catástrofes, pero la buena noticia es que es consciente de lo que hace. Lo que le pediría es que, cuando se dé cuenta de que su mente está divagando e imaginando todo tipo de desgracias, haga justo eso, que sea consciente, y que luego aproveche para practicar la gratitud en pequeñas dosis. Que piense cuánto le gusta la voz de su novio, o su sonrisa. O lo encantada que está con su trabajo. Seguro que lo primero que hace es preguntarse cuándo la van a despedir, pero debe insistir, seguir prestando atención. Intentándolo.

5. Cada mañana, antes de que tus pies toquen el suelo, ya has elegido si prefieres vivir desde el miedo o desde la alegría. Es posible que este patrón en concreto lo tengas muy interiorizado, por eso es tan importante practicar. Si sientes que muchas cosas no te satisfacen, empieza a fijarte más a menudo. Por la mañana, ¿crees que no duermes suficiente? Cuando estás desayunando y te acuerdas de que tienes que ir a hacer la compra, ¿te preocupa que no te llegue el dinero? Cuando llegas al trabajo, ¿te molesta no tener más tiempo libre?

No se trata de pensar que tienes bastante de cada una de esas cosas; tampoco pretendo que nos engañemos. En lugar de eso, quiero que te preguntes si de verdad piensas esas cosas. Si muchos de esos pensamientos se basan en lo que no tienes, lo más probable es que buena parte del tiempo te sientas fatal. A veces, antes de poder practicar la gratitud, debemos darnos cuenta de que vivimos en la ignorancia y elegir evitarla teniendo una visión más imparcial.

Por ejemplo, cuando llegas al trabajo y te da la sensación de que no te va a dar tiempo a acabar todos los proyectos que tienes pendientes, en lugar de estancarte en una mentalidad negativa y repetir una y otra vez «No me da tiempo / a todo el mundo le da igual / mi jefe es un imbécil / esto es una porquería», intenta otra cosa. Sé consciente del pensamiento (no te da tiempo) y luego concéntrate en algo del trabajo que sí puedas controlar. Si no se puede hacer nada con respecto a las horas de trabajo y/o no quieres hacer algo en ese sentido, no sirve de nada preocuparse por ello. Las que-

jas, ya sean dentro de tu cabeza o en voz alta, tampoco
ayudan y, de hecho, solo te hacen sentir peor. A veces,
el primer paso hacia la gratitud supone darse cuenta
de la escasez en la que vivimos; solo entonces podremos avanzar y concentrarnos en las cosas maravillosas
de la vida.

6. **La alegría y la gratitud no pueden depender de los demás.** Dicho de otra manera, si esperas que sean otros
los que te alegren la vida o creen cosas por las que tú
luego puedas sentirte agradecida, espera sentada.

Nadie se ha presentado a la entrevista para ser tu
«gestora de alegrías». No depende ni de tus hijos, ni de
tu pareja, ni del trabajo, ni siquiera del perro (aunque
se les da bastante bien, la verdad). Somos total y absolutamente responsables de nuestros propios niveles de
felicidad.

Un encargo

Una de mis clientas, Amanda, era una experta catastrofista.
Era capaz de detectar rápidamente lo peor y lo más negativo
de su vida, y luego pasar por alto todo lo bueno y lo bonito.
Le mandé un ejercicio que consistía en estar atenta a lo positivo. Le pedí que escribiera a unas cuantas amigas, todas de
su máxima confianza, y que les pidiera que respondieran al
correo electrónico con un par de frases sobre lo que les gustaba de ella. Viéndole la cara, cualquiera diría que le acababa
de encargar que limpiara todos los lavabos de Estados Unidos. La idea no solo de pedir, sino de tener que leer los mensajes de sus amigas, la hacía sentirse muy incómoda.

El objetivo del encargo no era alimentarle el ego. Amanda tenía muchos problemas para experimentar este tipo de alegría. La gente que suele ensayar la tragedia también es conocida por su alergia al reconocimiento, la alabanza y la gratitud.

El encargo no solo consistía en marcar las casillas y echar un vistazo a los mensajes que recibiera. Quería que los leyera despacio, que interiorizara todas aquellas palabras llenas de amor y de cariño. Que recibiera ese regalo. Que sintiera la incomodidad de la alegría. Las catastrofistas crónicas necesitan practicar este tipo de cosas. Estamos muy acostumbradas a pasar por encima del amor y de la felicidad para centrarnos en nuestros defectos o en todo lo que podría salir mal; tenemos que practicar de forma deliberada la alegría y el placer.

Amanda hizo los deberes y, para su sorpresa, las amigas a las que había escrito le respondieron encantadas y casi todas con más de un par de frases. Me dijo que le costó un gran esfuerzo leer los correos; su voz crítica tenía muchas cosas que decir al respecto, pero al final le encantó el ejercicio porque le demostró que el amor y la alegría tenían mucho que aportar al crecimiento personal, a la autoconfianza y al amor propio.

Las personas que son como Amanda deberían probar este ejercicio. Tú puedes hacer una versión más sencilla: la próxima vez que alguien te haga un cumplido o te dé las gracias por algo, haz una pausa y tómate unos segundos para asimilarlo.

La alegría

Las catastrofistas expertas o quienes lleven mucho tiempo evitando la alegría, seguramente ya ni recordarán cómo es.

Esa alegría tan intensa que te deja sin aliento y te hace caer de rodillas. O que te hace creer que estás soñando cuando sabes que no es así, que lo que estás viviendo es real. Esos momentos que detienen el tiempo.

La alegría no existe en un nivel superficial. La llevamos en la sangre y en las células. Y todos tenemos la capacidad de sentirla y experimentarla.

Es como si nos fuera a explotar el corazón. La sientes y revives los momentos desagradables, las excusas, las tragedias que imaginas en tu cabeza, te ves a ti misma queriéndola apartar y luego eligiendo quedarte en su bando.

Les he pedido a unas cuantas colegas de profesión que me describan la alegría. Esto es lo que dice Michelle Ward, que en el momento de mi pregunta se estaba sometiendo a un tratamiento de quimioterapia por un cáncer de pecho reincidente: «La alegría es como si me fuera a explotar el corazón de la felicidad. Como cuando miro a mi alrededor y me doy cuenta de lo increíblemente afortunada que soy, a pesar de la mala pasada con la que tengo que lidiar (como, ah, sí, un cáncer)».

Quiero que cada una de nosotras examine su vida y se pregunte si de verdad siente la alegría o si la está bloqueando porque es demasiado peligrosa. La decisión es personal. Puedes permanecer «a salvo» o inclinar la balanza hacia el bien. La alegría es el regalo que te da la vida si estás dispuesta a aceptarlo. Depende solo de ti.

Sigue siendo incómodo, pero la decisión la tienes tú.

Hazte las siguientes preguntas:

- Si eres una catastrofista, ¿sobre qué es lo que más sueles catastrofizar?

- ¿Qué es lo que evitas sentir cuando te entregas al proceso mental que es el ensayo de tragedias?

- En tu caso, ¿cuál es tu detonante?

- ¿Cómo funciona la práctica de la gratitud en tu caso? Si aún no la practicas, ¿a qué te comprometes?

- ¿Te permites experimentar la auténtica alegría? Si no es así, ¿qué estás dispuesta a hacer para probarla?

12

El juego de la culpa:
El billete a la desconexión

Es culpa suya.

Ah, qué gusto, ¿verdad? A veces, repartir culpas es como acurrucarse debajo de una manta calentita. Podemos envolvernos con ella siempre que las cosas se compliquen.

Algunas mujeres utilizan la culpa como un mecanismo de autoprotección. Esperan que las proteja del dolor y de quedar mal. Es un concepto bastante vago que nos permite quitarnos de encima la responsabilidad. Así todo es más fácil. Podemos disparar contra cualquier persona o situación que tengamos a mano en lugar de abordar el problema. Cuando culpamos a los demás, sentimos que salimos victoriosos del entuerto.

Culpar a los otros nos da permiso para eludir nuestros propios problemas. Durante mucho tiempo tuve una aventura con la culpa. En mi primer matrimonio, el culpable de todo era mi marido. Sí, no me trataba bien y me hacía algunas cosas bastante retorcidas, pero por aquel entonces yo nunca me fijaba en mis problemas. La primera vez que nuestra consejera matrimonial señaló algunos de mis defectos y luego me sugirió formas de mejorarlos, me quedé pasmada, como si acabara de insultarme. ¿Acaso no veía que toda la culpa era suya? ¿No entendía que nuestros problemas no desaparecerían hasta que él arreglara todas sus historias? Me pareció increíble. Mi marido me había hecho mucho daño y yo estaba convencida de que era responsable al cien por cien.

Si vuelvo la vista atrás, ahora me doy cuenta de que estaba enfadada con él no solo porque me había hecho daño, sino porque no tenía la menor intención de cambiar. Yo necesitaba con desesperación que cambiara, pero también le culpaba por hacerme sentir cosas que yo no quería. No quería estar furiosa. No quería sentir rabia y frustración. A medida que iban pasando los años, la montaña se hacía cada vez más grande.

Cuando le echamos la culpa a alguien, bloqueamos la capacidad de sentir empatía y conectar con esa persona. Acusar y repartir culpas nos impide aceptar los sentimientos de los demás. Cuando nuestro yo empático no hace acto de presencia, perdemos la capacidad de conectar. Cuando culpamos, nos exoneramos de cualquier responsabilidad. Aquí va un ejemplo: imagina que una amiga te cuenta que está teniendo problemas con su hijo adolescente. Sabe que sale de fiesta y que se droga. Tú le contestas: «No sé... Puede que se haya quedado tocado con lo de vuestro divorcio y por eso se comporta así».

Uf, ¿verdad? A veces es complicado expresar empatía y dar con esa parte de nosotras mismas que también sufre. Parece mucho más fácil encontrar algo o alguien con quien descargar. No pretendíamos comportarnos como unas malas amigas, lo hacemos con buena intención y para echarle una mano, pero cuando nos confía que lo está pasando mal, a veces nos cuesta gestionarlo. Pensamos en nuestros propios hijos en esa misma situación o no sabemos qué decir o cómo ayudar. Y, al final, nos decantamos por la culpa.

Es importante tener en cuenta en qué sitios suele hacer acto de presencia la culpa. Quizá la utilizas en ocasiones importantes, como yo, o en situaciones menos evidentes, como en el ejemplo anterior de las dos amigas y el hijo. En cualquier caso, hay que estar al tanto por si enseña su horrible cara.

Cómo solucionarlo

Cuando la culpa se convierte en un hábito, puede ser muy difícil de detener. Hay que tirar de las riendas con fuerza mientras te haces responsable de tu propia vida. Con esto no quiero decir que tengas que eliminar de tu entorno a gente solo porque se comporten como idiotas; todo el mundo ha de responder por sus elecciones y sus responsabilidades. Pero si eres una verdadera creyente que solo serás feliz el día que las personas dejen de comportarse como si fueran imbéciles, y encima a propósito, tendrás que aprender a olvidarte de la culpa. La mayoría de las veces, siempre hay algo que podemos mejorar, aunque estemos convencidas de que la culpa es de los demás.

Pero si eres una verdadera creyente que solo serás feliz el día que las personas dejen de comportarse como si fueran imbéciles, y encima a propósito, tendrás que aprender a olvidarte de la culpa.

Haz *inventario*

El primer paso es hacer inventario de las situaciones que te llevan a echar la culpa a la gente. Puede que en tu vida haya algo obvio, como una jefa de la que siempre te quejas, aunque nunca te hayas molestado en hablarlo con ella. Revisar nuestros mecanismos requiere que seamos vulnerables, lo cual rara vez es agradable, por no decir nunca. Así pues, conviertes el comportamiento en la opción más conveniente, aunque nunca te ayudará a sentirte orgullosa de quién eres, ni tampoco a mantener tus niveles de felicidad.

Ahora, dedica unos minutos a pensar en cuando tienes dificultades para escuchar a los demás. El ejemplo que he dado antes, el de la amiga que tiene problemas con su hijo adolescente, demuestra que a veces las cosas se tuercen. A menos que nos haya pedido de manera clara nuestra opinión, no está buscando culpables, ni tampoco una amiga que le dé consejos sobre cómo arreglarlo. Solo quiere que la veas, que la escuches en su dolor. Es incómodo para las dos, ya lo sé, pero la conexión entre humanos es la clave para que todas, incluida tu, dejemos de sentirnos como si no valiéramos nada. Sentarte con ella y compartir su dolor implicaría aparcar por un rato tu incomodidad.

Mira *qué hay debajo*

¿Deberías revisar algún episodio del pasado? ¿Algo que no hayas resuelto y de lo que estés repartiendo la culpa?

Los problemas sin resolver de la infancia y de la familia suelen contribuir a alimentar el hábito. Vale, quizá hayas puesto los ojos en blanco y pensado: «Tengo treinta y cinco/ cuarenta y cinco/cincuenta y cinco años. ¿De verdad hace falta esto?». La respuesta es sí. Cargamos con todo ese peso hasta la edad adulta y lo volcamos sobre nuestras amistades y parejas. Tenemos que revisar y zanjar tus problemas de una vez por todas. No hay que olvidar que cuando revisitamos los problemas de la infancia o de relaciones anteriores hay que ir con cuidado y no esperar que la otra parte se responsabilice de sus acciones. No siempre obtendremos la satisfacción o la sensación de resolución que creemos merecer. A menudo, el otro no se disculpará ni pedirá perdón, pero eso no quiere decir que sigamos echándole la culpa de todo. Mientras lo hagamos, seremos las víctimas y las mártires, lo que nos impide avanzar en nuestro proceso de mejora personal.

Además, creo que a veces las mujeres culpan a los demás porque están furiosas y no saben cómo expresarse. Una forma más pasiva de manifestar esa misma ira es a través de la culpa. Es más discreto y no tan agresivo. Pero por dentro, la ira hierve como un caldero a fuego lento. Cuando la culpa se convierte en un ataque directo, ya no estamos comentando los errores del otro, sino gritando y poniéndonos histéricas por las acciones de otro.

(Solo un pequeño comentario: si quieres que alguien te escuche, que entienda tus orígenes y podáis mejorar la relación, perder los estribos no es la vía más rápida. Si te pones hecha un basilisco, nadie te dirá: «¡Por fin! No sabes cuánto me alegro de que me grites. Deja que me ponga cómodo, así podré escuchar mejor tus comentarios y hacer todos esos cambios que tanto deseas».)

Sin embargo, creo que la ira e incluso la rabia también

tienen su sitio. Casi todas las mujeres con las que hablo no son muy fans de ninguna de las dos. Algunas cuentan que su padre o su madre solía enfadarse y que lo pasaban muy mal; otras le tenían miedo a su propio genio porque, cuando estallaban, sentían que perdían el control; y muchas admiten que han aprendido a reprimirlo.

Por ejemplo, una de mis clientas, Miranda, que tenía un marido infiel. Se habían reconciliado y ella estaba intentando aclarar sus sentimientos. Era evidente que tenía problemas para encajar las emociones que le provocaba la amante de su marido, pero nunca las había expresado en voz alta. Le pedí que le escribiera una carta a la otra con la intención de no enviarla. Quería que lo hiciera de corrido, sin limitaciones, con la rabia que sentía corriéndole por las venas. Le dije que la protegiera con una contraseña para que no la viera nadie más que ella.

Al cabo de un tiempo, me dijo que le había sorprendido todo lo que había escrito. Que no sabía que estuviera tan enfadada ni que odiara tanto a la otra mujer. Que sacarlo fue terapéutico, revelador y muy útil para empezar a curarse.

Lo que intento decir es que la rabia es válida, necesitas expresarla, eso no te matará. Si no la sacas, tarde o temprano encontrará una salida. Utiliza esos sentimientos como información sobre lo que está pasando. Suelen tener su origen en el dolor y en el miedo. Cava más hondo y pregúntate qué está pasando en realidad. Podría ser tan sencillo como estudiar la ira e interrogarte sobre qué te ha hecho tanto daño. ¿Con qué o con quién estás furiosa? De toda la situación, ¿qué es exactamente lo que te molesta? Esta información te ayudará a sacar conclusiones sobre tus valores (capítulo 15), a decidir si hace falta crear límites nuevos y si deberías aceptar parte de la responsabilidad.

Pregúntate qué estás tolerando

Acabo de poner un ejemplo sobre mi primer marido. En aquella época me negaba a analizar mi comportamiento. Si hubiera hurgado un poquito con el dedo, si hubiera detenido el reparto de culpas y admitido la magnitud del enorme abismo que se había abierto entre mi marido y yo, no me habría quedado más remedio que tomar la decisión de irme. La mitad de los conflictos que teníamos como pareja derivaba de problemas míos que no habían aflorado a la superficie hasta entonces y que, obviamente, ni siquiera había intentado solucionar. Quizá en el fondo sabía que la única opción de salvar mi alma era marcharme. Pero en vez de buscar en mi interior y tomar una decisión tan dolorosa como esa, me dediqué a repartir culpas. Era una forma de esperar que él cambiara, que lo arreglara él solo. Si le hacía responsable de todo, podía seguir echándole la culpa de que las cosas no mejoraran. Dicho de otra manera, estaba tolerando una relación que hacía tiempo que estaba finiquitada, pero que me daba mucho miedo dejar.

Así pues, ¿qué es lo que estás tolerando tú? ¿Qué aguantas en tu vida que quizá no deberías? ¿En qué les echas la culpa a los demás en lugar de establecer límites o directamente romper la relación?

Céntrate en la solución

Cuando repartimos culpas, nos centramos en el problema. Estoy convencida de que quieres encontrar una solución (y si no es así, deberías tener una conversación muy distinta), así que cuando te des cuenta de que estás jugando al juego de las culpas, cuestiónate cuál sería una posible solución aquí. Muchas veces, la solución implica a esa bestia negra que es la vulnerabilidad.

El remedio puede incluir desde tener una conversación seria hasta establecer límites, dejar una relación, revisar tus propios problemas, no tener miedo de sentir... Ya te haces una idea. No son cosas que te mueras de ganas de hacer, pero no por ello son menos necesarias.

Para frenar la culpabilización y recuperar el control de tu felicidad se necesita mucho valor y mucha madurez. No olvides que la culpa te impide conectar con los demás y, por lo tanto, te aleja de tu propia plenitud. Pero si corriges el rumbo y aceptas tu parte de responsabilidad, estarás más cerca de ser la mejor versión de ti misma.

Hazte las siguientes preguntas:

- ¿Te niegas a escuchar lo que te dicen? En otras palabras, ¿los demás intentan acercarse a ti mientras tú les das lecciones sobre cómo lo pueden hacer mejor?

- ¿Hay algo en tu vida que debas reconsiderar? ¿Algo pendiente de resolver de lo que culpes a los demás?

- ¿Albergas rabia e ira no expresadas? En caso afirmativo, ¿qué ocurrió para que te sintieras así? ¿Qué resultó pisoteado? ¿Cuál sería una forma sana de solucionarlo?

- ¿Hay algo en tu vida que creas que estás tolerando cuando, en realidad, deberías ponerle límites o cortarlo de raíz? Si es así, ¿qué harás al respecto?

13

El «no me importa nada» como mentalidad:
Cinismo de esteroides

Algo siniestro recorre las calles. No, no es una nueva droga de diseño, aunque puede ser igual de peligroso. Me refiero a los mensajes inspiradores en las redes sociales y los artículos de autoayuda que animan al lector a no preocuparse por la opinión de los demás. Es la pose que está de moda, el nuevo pasotismo del siglo XXI.

¿Qué pasa cuando alguien lo pone en práctica, decide seguir el consejo al pie de la letra e incorporarlo a su vida?

Una mujer a la que todo le da igual es alguien que lleva una coraza exterior. Expulsa a la gente de su vida y les hace creer que no le importa nada ni nadie. Parece una forma genial de vivir, ¿verdad? Sobre todo porque a esta mujer le han hecho daño en el pasado y cree que con esta mentalidad estará protegida y no volverá a pasarlo mal. Es como si se entregara al hábito con cierta sensación de orgullo. ¡Viva la hiperindependencia!

Por ejemplo, se está divorciando de su marido o lo ha dejado con una pareja y lo está pasando mal. Cuando sus amigas le preguntan cómo lo lleva, en lugar de abrirse y hablar de sus sentimientos, responde: «No podría importarme menos lo que haga Fulanito... ¡Me da igual!».

O puede que le guste dibujar, suba sus obras a internet y reciba muchas críticas. Alguien le dice que lo deje, que no tiene el más mínimo talento. O en el trabajo el jefe le llama la atención durante una reunión. En vez de hablar con sus amigas y contarles lo disgustada que está, convence a todo el mundo de que no pasa nada, que la gente es tonta y que le da igual.

Para acabar de arreglarlo, las amigas aplauden su actitud porque creen que así la están animando. Cuando las cosas se tuercen, le dicen cosas como: «¡Ay, cariño, ni se te ocurra hacerle caso a esa gentuza! ¡Que digan lo que quieran! ¡No ofende quien quiere, sino quien puede!».

El problema es que a nuestra amiga sí que le importa lo que piensen los demás, lo pasa mal con las rupturas y se siente fatal cuando alguien le rompe el corazón. Invierte mucho tiempo y energía no solo en intentar que todo le dé igual, sino también en convencerse a sí misma y a los demás de que de verdad no le importa en absoluto. ¡Es agotador!

Pero... ¿este tipo de mentalidad es tan negativa como parece?

Retrocedamos un poco. Quizá haya quien crea que estoy siendo demasiado dura con esas palabritas, pero lo cierto es que la mentalidad del «todo me da igual» no es mala del todo, al menos no a un nivel superficial. Aquí va un ejemplo: «Aférrate a la vida con todas tus fuerzas y lucha por tus sueños. No dejes que nada ni nadie te detenga. Que el miedo a las críticas y las opiniones ajenas no te corten las alas».

Es un discurso genial, ¿verdad? A la gente le encanta criticar a los demás por sus ideas, sus opiniones, sus sueños y hasta por sus objetivos vitales, así que debería traérnosla... ¿Cómo era? Ah, sí, al pairo.

Sin embargo, esta actitud es puro pensamiento polarizado: o nos importa lo que piense de nosotros todo el mundo o no nos importa nada. Y en una cultura del blanco y negro, del todo o nada, este hábito es uno más de la lista.

Ignorar por completo las opiniones ajenas no es un comportamiento sano. Va en contra de todas las normas sociales. Las personas a las que todo les da igual tienen un nombre.

Se llaman sociópatas.

Entiendo que si estás leyendo esto no eres una de ellas (porque a la mayoría de los sociópatas no les interesa la autoayuda; están demasiado ocupados comportándose como auténticos estúpidos sin ni siquiera saberlo). No, en serio, las únicas personas que no se preocupan lo más mínimo por la opinión de los demás sufren una enfermedad mental y no tienen la capacidad para conectar con otros seres humanos.

¿QUÉ ES EL EQUILIBRIO?

Empezaré explicando por qué creo que la gente se equivoca. Escuchan eso de «que te dé igual lo que piensen los demás» o el célebre «no me importa lo más mínimo» y les parece que es un objetivo válido y además muy noble. Muchas nos hemos pasado toda la vida preocupándonos por las opiniones ajenas, basando nuestros comportamientos, decisiones, pensamientos y casi todo en lo que creemos que la gente piensa de nosotras (fíjate que he dicho «creemos», porque lo normal es que no tengamos ni idea de lo que piensan los demás). Nos angustia lo que puedan decir de nosotras si hacemos aquellas cosas que de verdad nos interesan y que están fuera de nuestra zona de confort. Creo que casi todas conocemos la sensación.

¿Qué hacemos para encontrar el equilibrio? Imagínatelo como si fuera un espectro luminoso. En un extremo están los locos a los que de verdad no les importa nada. A los que se la trae al pairo pero en serio. Lo más seguro es que la mayoría sean asesinos en serie o narcotraficantes, y no la gente con la que sueles quedar para tomar unas copas en la vida real.

En el otro extremo del espectro está la gente a la que todo le importa mucho. Casi todo el mundo está en ese lado. Se preocupan en exceso por lo que piensen los demás, se bloquean por culpa del miedo y de la indecisión y van de aquí para allá intentando agradar a todo el mundo, buscando su aprobación y estresándose.

(Si tú eres así y ahora mismo te sientes mal contigo misma, escúchame un momento: estamos programados biológicamente para encajar. Necesitamos saber que la gente de la que nos rodeamos tiene una buena opinión de nosotros, que nos acepta. Repasa el capítulo 7 sobre las personas complacientes, ya verás como te ayuda. ¡Tranquila, que aún hay esperanza!).

El centro del espectro es donde deberíamos estar todos. Lo que vendría a ser un pairo moderado. La lista de personas cuyos consejos son los únicos que escuchas con seriedad debería ser muy corta. ¿Cuántas veces has dicho «No puedo hacerlo; todo el mundo pensará que soy imbécil»? ¿Todo el mundo? ¿El chico que te ha servido el café con leche esta mañana? ¿La población de Lituania al completo? Cuando se trata de escuchar puntos de vista ajenos, necesitamos dirigirnos a audiencias mucho más pequeñas.

En mi caso, por ejemplo, me preocupo por lo que mi marido opina de mis habilidades como madre. Criar un hijo es un trabajo compartido, por eso también tengo en cuenta sus opiniones. Y no siempre estamos de acuerdo, pero me interesa saber lo que piensa de las mías. Me interesa saber qué opinan mis colegas de profesión sobre un nuevo proyecto. Sé que me apoyan y yo confío en ellas y las necesito. ¿Te imaginas si todo eso me importara un bledo? Acabaría aislándome de todas aquellas personas que significan algo para mí. No tendría ninguna relación íntima y consistente en la que poder confiar y buscar apoyo cuando lo necesitara. Estaría completamente sola.

Luego hay otras cosas que, la verdad, me importan más bien poco, como la norma no escrita según la cual debería «comportarme como una señorita». O el dato estadístico que dice que la mayoría de los negocios fracasan en los primeros cinco años. O las críticas anónimas sobre mi trabajo. Si todo eso me preocupara de verdad, jamás me habría atrevido a perseguir mis sueños. Estaría día y noche atormentándome por lo que la gente, la mayoría desconocidos, pueda pensar de mí.

¿Queda clara la diferencia?

Ni siquiera a los famosos les importa todo un bledo

La humorista y presentadora Chelsea Handler entrevistó a Glennon Doyle Melton cuando esta estaba de gira presentando su libro *Guerrera del amor: una memoria*. La gente que conoce a Chelsea da por sentado que es una de esas mujeres a las que todo se la trae al pairo. Es muy directa, siempre dice lo que piensa y no parece que le preocupe demasiado pasarse de frenada de vez en cuando.

En la entrevista, Chelsea leyó un pasaje del libro: «"A Glennon le importaba todo un bledo" [dijo su exnovio. Glennon] comprendió que era el mejor cumplido que se le podía hacer a una mujer. También comprendió que no era un cumplido, que cualquier mujer a la que todo le importe un bledo, en realidad ha abandonado su alma para acatar las normas. No hay una sola mujer sobre la faz de la Tierra a la que no le importe nada. No hay nadie tan frío. Solo mujeres que esconden su fuego».

Chelsea leyó el pasaje en voz alta y le dijo a su entrevistada: «Es verdad, porque es lo que la gente siempre dice sobre mí: "Chelsea, a ti todo te la trae al pairo". ¡Pero cómo me la va a traer todo al pairo! Lo que pasa es que intento no estar día y noche preocupándome por todo. Es agotador. Pero luego siempre haces lo mismo porque es lo que la gente espera de ti. Pero claro que me importa, igual que a todo el mundo».

Casi me caí de la silla cuando escuché este intercambio. Chelsea Handler, una mujer que mantiene una actitud como si no le pudiera importar menos la opinión de la gente, reconociendo abiertamente que no es así. Una mujer de la que muchos piensan que tiene un ADN especial que le permite pasar de las opiniones ajenas, diciendo que está agotada de tanto fingir que se la trae al pairo. Así que se acabó el juego. Veamos cómo podemos arreglarlo y encontrar cierto equilibrio.

Cómo solucionarlo

Recuerdo cuando volví a escribir. Fue en 2008 y llevaba doce años sin hacerlo. Al principio, escribía con una especie de abandono un poco temerario, como si nadie fuera a leerlo. Los primeros lectores dijeron que les gustaba. Con el paso del tiempo, un puñado de personas leyó mi blog y no les gustó. No estaban de acuerdo con mis ideas, no les gustaba mi estilo y criticaban hasta la gramática; un par de personas llegaron a insultarme y consiguieron que me sintiera fatal. De las miles de personas a las que les agradaba mi trabajo, había unas cinco que no eran de la misma opinión.

Las críticas y los juicios de un puñado de personas bastaron para que me planteara dejarlo. Me preocupaba demasiado la opinión de los demás. No era capaz de encajar las críticas negativas, aunque fueran tan escasas. Tenía la sensación de que eran millones. Por eso decidí pedir ayuda a gente que había pasado por lo mismo.

«¿Cómo lo hacéis?», les pregunté a otros blogueros. «¿Cómo seguís exponiendo vuestro trabajo después de que os lo critiquen?» El consejo más repetido era algo así: «No te lo puedes tomar como algo personal; tienes que conseguir que sus palabras te resbalen. Aprende a reírte de todo y a que te dé más igual».

Mmm, vale.

Pero a ver, ¿y eso cómo se hace? Cuando volví a preguntar, me respondieron encogiendo los hombros y con estas palabras: «Tienes que esforzarte para que no te importe». ¿Qué?

¿Quién actúa así? ¿Quién es capaz de exponer su trabajo

ante el mundo entero, todo sonrisas, orgulloso de su creación, para luego actuar como si fuese un día normal y corriente?

Pensé que había algo raro en mí porque no era capaz de conseguir que no me afectara. Quizá era demasiado sensible. O no valía para mostrar mi obra al mundo. Mis colegas escritores, los que me habían intentado aconsejar, tenían un chip en el cerebro que a mí me faltaba. ¡Ah, cuánto deseaba que no me importara tanto! Quería ser una de esas personas a las que todo se la trae al pairo. Pero ¿cómo?

No conseguí entenderlo hasta unos años más tarde, después de hablar con mucha gente que pone sus opiniones, sus ideas y su trabajo al alcance de todo el mundo. A la mayoría sí les importaba lo que pensaran los demás. Eran como yo; sentían el escozor inicial de la crítica y el juicio ajenos, y tenían que seguir trabajando, prestando mucha atención y controlando sus emociones. En otras palabras, sabían que los comentarios que recibían eran hirientes, pero conseguían separar el dolor de la persona. Las críticas dañinas no condicionaban su forma de ser ni de actuar.

Sabían que los comentarios que recibían eran hirientes, pero conseguían separar el dolor de la persona. Las críticas dañinas no condicionaban su forma de ser ni de actuar.

Y tú también posees el poder de saber cuál es el equilibrio entre ignorar las opiniones que sabes que no son importantes y tener en consideración aquellas que sí lo son.

Una caja de tres centímetros cuadrados

Durante mi formación para ser moderadora de The Daring Way™, recibimos el encargo de dibujar una caja de tres centímetros cuadrados en una hoja de papel y escribir dentro de la caja los nombres de las personas cuya opinión era importante para nosotros. Hubo quien exclamó: «¡Pero necesito más espacio para que me quepan todos!». Si necesitas más de tres centímetros cuadrados es que tienes que reducir esa lista. Aquí debajo hay un cuadrado de tres centímetros cuadrados. Coge un bolígrafo o un lápiz y escribe tu lista de nombres.

Tiene que ser una lista corta de personas que se preocupen por ti de verdad, tanto en los mejores momentos como en los peores. Que te quieran porque eres humana. Que estén a tu lado cuando las necesites y que puedas apoyarte en ellas. Personas muy cercanas a tu corazón.

La gente más feliz tiene muy claro a quién poner dentro de la caja. Con los de fuera, saben cómo quitarse el aguijón de las críticas.

Aunque estaría bien poder controlarlo, a veces no se puede evitar recibir críticas o comentarios sobre tu vida de gente a la que le gusta decirte que lo estás haciendo mal. Ni siquiera sabes si se refieren a tu papel como madre, como esposa o como trabajadora. La cuestión es que lo haces mal y punto. Como ya dije en el capítulo 7, todas estas críticas pueden actuar como detonadores, pero ahora puedes echar un vistazo más arriba y ver si esa persona a la que le gusta atacarte está dentro de la caja o no. Sin cortarte, se lo puedes decir si quieres. Gritarle «¡No estás en mi caja!», quédate con su cara de sorpresa y luego da media vuelta y aléjate de allí.

¿Qué pasa con los que sí están dentro de la caja y cuya opinión es importante para ti? ¿Cómo encajar sus opiniones sin que estas acaben dictándote cómo sentirte o actuar? En mi caso, con personas como mi marido y mis amigos más cercanos, soy capaz de escuchar sus comentarios, dejar a un lado los miedos y tomármelos como simples opiniones. De hecho, a veces sus observaciones son tan buenas que puedo usarlas para mejorar.

A modo de guía, recibir un comentario no consiste en internalizarlo para luego dejar que mi voz crítica me diga que me equivoco, que soy idiota y que debería cambiar en todo. Ese tipo de reacción me sirve para darme cuenta de que aún tengo que trabajar mucho en mi autodiscurso (capítulo 1). Cuando seas capaz de ver la diferencia, tendrá un efecto muy importante en ti misma y en tus relaciones.

Haz inventario

Piensa en qué áreas de tu vida la opinión de los demás te importa menos de lo que debería. Puede que en el trabajo, en lo que a tu cuerpo se refiere o en tus objetivos para el futuro. Alguien te hace un comentario hiriente sobre una o varias de esas áreas y tú permites que el péndulo se balancee hacia el otro lado (levantar muros y adoptar «me la trae al pairo» como máxima personal).

Respiremos. Que alguien te haya hecho un comentario con poca gracia o directamente insultante no significa que aislándote del mundo vayas a solucionar el problema para el futuro. No te dolerá menos y tampoco te garantiza que no vuelva a ocurrir. Lo único que consigues es aislarte y que no pueda entrar nada ni nadie desde el exterior, ni lo bueno ni lo malo. Y estoy convencida de que eso no es lo que quieres en el fondo.

Las cosas claras

¿Qué crees que pasará si la gente se entera de que hay cosas en la vida que sí nos afectan aunque pensemos que no deberían? Por ejemplo, imagina que acabas de pasar por una ruptura sentimental y tu expareja era un idiota integral. Todo el mundo se alegra porque ya no tendrá que verte pasándolo mal. Te pones una máscara como si tú también te alegraras y proclamas a los cuatro vientos lo mucho que odias a tu ex.

Y sin embargo... estás mal. Aún hay una parte de ti que no ha superado la tristeza y el dolor que suelen acompañar a una ruptura. Quizá pienses que si la gente se entera de cómo estás en realidad, pensarán que te gusta fustigarte, que eres débil y un poco tonta. Por eso te lo callas y finges que estás bien.

En este caso deberías hablar con un testigo compasivo en el que confíes y contarle que sabes que la relación no era la más sana del mundo, que lo mejor que podías hacer era ponerle punto final, pero que aún estás procesando las partes más duras. Practica la vulnerabilidad explicándole al testigo

lo mucho que te cuesta explicarle todo eso y que te da miedo
_____. (Rellena el espacio en blanco.)

Encuentra el equilibrio

Ahora que ya tienes la lista con las personas cuyos comentarios consideras que son importantes para ti, coge una hoja de papel o un diario y anota las personas o grupos de personas cuyas opiniones, juicios y críticas te son indiferentes. Eso incluye los comentarios anónimos, tu propia voz crítica o la gente que te da su opinión cuando no la necesitas (ni se la has pedido). En esta lista puede haber amigos, colegas de trabajo, vecinos y conocidos, pero si los has metido a todos en la caja, volverás otra vez a la categoría «me importa todo un bledo». Al hacer este ejercicio puede ocurrir que surja la siguiente pregunta: «¿Qué pasa si mi madre está en la lista de personas cuya opinión me es indiferente?». ¡Tranquila, no pasa nada! No se lo contaré a nadie, lo prometo. Que alguien pertenezca a tu familia no significa que vaya automáticamente a la caja. Si tú sientes que no confías en sus opiniones, no tienen cabida en la caja.

Si eres capaz de concentrarte en la primera lista, la más corta de las dos, e ignorar el ruido del segundo grupo, habrás encontrado el equilibrio.

Si llevas una careta y actúas como si no te importara nada, deberías pensar en el primer paso, que es derribar los muros. Estoy segura al cien por cien de que esa actitud despegada no te está ayudando a curarte ni a seguir adelante. De hecho, te mantiene clavada al suelo y hace que te sientas peor. No solo estás intentando hacer lo imposible (ignorar sentimientos que existen), sino que encima pretendes convencer a la gente que te rodea de que no los necesitas. Y no es verdad. Los necesitas y mucho.

Hazte las siguientes preguntas:

- ¿Qué crees que estás consiguiendo al fingir que todo te importa un bledo? Dicho de otra manera, ¿de qué te protege esa actitud o en qué sentido mejora tu vida?

- Cuando recibes críticas hirientes, ¿haces que todo gire a tu alrededor? Si es así, ¿cómo crees que puedes dejar de hacerlo?

- ¿Hay algún área de tu vida que creas que te la trae demasiado al pairo? ¿Por qué?

- ¿Hay algo que te preocupe tanto que te juzgues a ti misma precisamente por esa preocupación? ¿O por miedo a que sean otros los que te juzguen? Si es así, ¿cómo se te ocurre que puedes respetarlo para luego poder procesarlo?

- ¿A quién meterías dentro de tu caja? ¿A quién dejarías fuera?

14

A nadie le gustan los holgazanes: El lado negativo de superar las expectativas

Voy a ser clara. Me gusta el éxito. Me encanta marcarme objetivos, conseguirlos, celebrar la victoria y poner el contador a cero. Me gusta tachar cosas de mi lista de tareas pendientes y, cuando me doy cuenta de que estoy haciendo algo que no tenía anotado, la añado solo para poder disfrutar señalándola como hecha. (Y no soy la única, ¿verdad?)

Cuando hablamos de la necesidad de superar las expectativas, o *overachieving* en inglés, no nos referimos a los típicos objetivos normales y corrientes. Se trata de hacer que nuestros logros nos definan como persona. Es basar nuestra valía en los resultados y en lo bien que lo hagamos.

Es un hábito muy parecido al perfeccionismo, pero es otro monstruo distinto. Las *overachievers* o «personas hiperproductivas» creen lo siguiente: soy lo que consigo; si puedo hacer más, alcanzar todos mis objetivos, ser tan productivo como sea humanamente posible y asegurarme de que todo el mundo lo sepa, podré evitar las críticas, los juicios y el rechazo. Toda mi valía como persona se basa en lo que consigo y en cómo me perciben los demás en relación a mis logros. Las hiperproductivas son de ideas fijas: logro = seguridad y amor.

Esta es Susan, de cuarenta y un años, médica y madre de tres hijos:

> Toda la vida he sido una hiperproductiva. En el colegio, siempre era el ojito derecho de los profesores. Cuando llegaba el fin de semana, lo primero que hacía era hacer todos los deberes de la semana siguiente (e incluso pedir más para quedar mejor que mi hermano, que siempre se estaba quejando). Fui la mejor estudiante de mi promoción. Pertenecí a seis clubes escolares y estudié Medicina en una de las mejores universidades del país. Siempre estaba buscando formas de superarme a mí misma y a los demás.
>
> Al cumplir los cuarenta sufrí una crisis nerviosa, y fue entonces cuando me di cuenta de que todo lo que hacía era porque no me consideraba buena persona a menos que hiciera todo lo humanamente posible para demostrar mi valía. Me convertí en mis logros. Sin ellos, no sabía quién era.

La historia de Susan es bastante común. Quizá los detalles son distintos a los tuyos, pero la parte que me interesa destacar es esta: «No me consideraba buena persona a menos que hiciera todo lo humanamente posible para demostrar mi valía. Me convertí en mis logros. Sin ellos, no sabía quién era».

Las hiperproductivas se lo juegan todo a una única carta: la de los éxitos. Como suelen ser muy buenas en todo lo que hacen, sus esfuerzos siempre son recompensados. Pero con el tiempo, cada vez es menos satisfactorio. El mecanismo es idéntico al de cualquier otra «droga»: siempre quieren más y la recompensa que obtienen a cambio de sus esfuerzos no les parece suficiente.

Suelen ser personas nerviosas; nunca están presentes, aunque estén rodeadas de gente, ni tan solo en los proyectos en los que están trabajando. Siempre están pensando en lo que van a hacer a continuación. Por ejemplo, cuando a una hiperproductiva le proponen matrimonio, lo primero que piensa es en la boda y no en el amor que siente por la persona que tiene delante. Susan dijo basta el día que se dio cuenta de que su agenda estaba tan llena que parecía la de tres personas juntas:

> Me levantaba a las cuatro o cuatro y media, consultaba el correo y hacía algunas tareas de casa antes de que mi marido y los niños se levantaran. Me ocupaba de los niños, los llevaba al colegio y me iba a pasar consulta. Luego acompañaba a los niños corriendo a las extraescolares, volvía a casa, hacía la cena (casi siempre algo que ya tuviera preparado; el domingo lo dedicaba a hacer la compra y organizar la comida de toda la semana). Les ayudaba con los deberes, ponía una lavadora, trabajaba un rato más y al final me derrumbaba en la cama a eso de las once o las doce de la noche. Estaba agotada después de funcionar todo el día a base de cafeína y adrenalina. Quería llegar a todo y presumía de ello. Me sentía superior explicándole a la gente la cantidad de cosas que hacía.

La única pega (y menuda pega)

Karen es una mujer australiana de treinta y siete años. Al igual que Susan, Karen sufrió una crisis nerviosa por estrés:

> Nunca se me ocurrió que mi necesidad de llegar a todo fuera un problema (o la causa de mi gran problema de ansie-

dad). Era algo buscado y un motivo de satisfacción y orgullo. Pero acabó provocándome un desorden alimentario y una depresión aguda. Afectó a todas mis relaciones. Esperaba tanto de la gente, tenía unas expectativas tan exageradamente altas (inalcanzables, diría), que no entendía por qué no se esforzaban tanto como yo. Siempre atribuía su «poca entrega» a una falta de interés por mí... y acababa poniendo fin a todas las relaciones.

Muchas mujeres hiperproductivas tienen estándares muy elevados para sí mismas y para la gente de su entorno. No comprenden por qué los demás no se esfuerzan tanto como ellas o por qué a veces son tan irritantes y suelen ser propensos a sentirse decepcionados. Como es de imaginar, ese tipo de actitudes pueden causar estragos en cualquier relación.

No solo eso. Las hiperproductivas intentan abarcar tantas cosas al mismo tiempo que es fácil que se desconcentren. Cuando eso ocurre, ya no son tan productivas e incluso hay más margen para el error. Siento tener que decir esto, pero hay muchos estudios que demuestran que hacer varias tareas al mismo tiempo reduce la productividad. Es como esas bolas con las que intentas hacer malabares, pero que en realidad te están haciendo circular por el carril lento.

Los dos problemas principales que tienen este tipo de personas son la ansiedad y el insomnio. La ansiedad es fruto de la constante preocupación por no estar haciendo suficiente, por lo que puedan pensar los demás (ver capítulo 7) y por vivir siempre en el futuro. Y el insomnio, ¿no es obvio? No pueden dormir porque tienen un enorme elefante sentado sobre su pecho, tan grande que también les está aplastando la cara.

¿Cuál es el origen?

Nos convencemos de que es algo innato, pero por mucho que Lady Gaga se pase el día cantándolo, las personas hiperproductivas no nacieron así. Karen, cuya historia ya hemos oído antes, añade:

> Cuando era pequeña, estaba presente en toda mi vida, desde lo limpia que tenía la habitación hasta la necesidad de ser la mejor de la clase o la más simpática. Luego fue mi trabajo como abogada y, cuando eso no fue suficiente, la comida o el deporte.
>
> Creo que empezó como una forma de evitar las críticas de mi madre, que era muy sensible y además bebía mucho, así que me pasaba el día haciendo todo lo humanamente posible para que no se enfadara conmigo, además de intentar ganarme la atención y la aprobación de mi padre (su frase favorita era «Si no eres el primero, eres el último»). Siempre me decía lo lista que era y yo sentía una presión brutal porque no quería decepcionarlo. Vivía en un estado perpetuo de ansiedad, porque creía que tarde o temprano mi padre, y con él todos los demás, se darían cuenta de que yo no era tan inteligente como pensaban.

Puede que tus padres también fueran hiperproductivos y daban por hecho que tú también lo serías. Quizá tuviste una «madre tigre» que te ponía unos estándares muy altos y solo te elogiaba cuando, de hecho, intentabas superarlos. O puede que siempre estuvieras intentando ganarte la atención de tu padre. En cualquier caso, a veces es útil resolver el misterio del origen de estos comportamientos, y no para que cojas el teléfono y empieces una pelea con tus padres, sino que puedas hacerte una idea del panorama general e intentar desafiar tus creencias y cambiarlas.

Claro que quizá haya casos en los que no sea tan evidente. Es bastante probable que tus padres nunca te presionaran o que jamás sintieras la disfunción que supone tener que ganarte la atención y el amor de tus progenitores. Podría ser algo que tú misma te inventaste con el paso de los años porque hacía que te sintieras más segura. Quizá te diste cuenta de que, cada vez que alcanzabas un logro, la gente te alababa, así que decidiste seguir haciéndolo y ahora siempre necesitas más.

Cómo solucionarlo

Voy a decir algo que quizá sorprenda a alguien. Si eres hiperproductiva, no quiero que te sientas obligada a tener que hacer menos. No te voy a pedir que tu lista de tareas pendientes tenga un máximo de seis cosas que hacer, ni diré eso de: «Tienes que relajarte como sea». Tampoco pretendo que nadie deje de comprobar el correo nada más levantarse. Eres una persona dinámica; se ha convertido en parte de tu forma de ser y de tu personalidad. Eso sí, tenemos que darle una vuelta a todo esto. Puedes seguir haciendo lo que quieras, pero hay que examinar con detenimiento la situación. Aquí van algunas cosas que tener en cuenta:

1. **Lo primero es lo primero: tu salud física.** ¿Duermes bien? ¿Sufres de ansiedad crónica? ¿Padeces el sín-

drome del intestino irritable? Sí, algunas de estas cosas pueden ser causadas por otros factores de tu vida, pero me apuesto todo el dinero del mundo a que, si tienes algún problema de salud, tu necesidad de superación (sumada al perfeccionismo y a la búsqueda de la aprobación; también podemos añadir un comportamiento controlador y un aire de síndrome del impostor, solo por ver qué pasa) es la causa principal. El cuerpo humano no está pensado para funcionar siempre pisando el acelerador a fondo.

2. **Haz inventario de tus relaciones personales.** ¿Tu pareja se siente abandonada por culpa de tu lista interminable de tareas pendientes? ¿Tus hijos han empezado a sentir lo mismo? ¿Qué tal en el trabajo? ¿Alguna vez has pensado que cuando llegue la hora final «el que muera habiendo conseguido más éxitos gana»?* Yo creo que el que muera después de haber trabajado duro en sus relaciones personales y habiendo amado con toda el alma, gana. La diferencia es enorme.

3. **Piensa en lo que haces para cuidar de tu bienestar emocional.** Si coges cualquier libro de autoayuda, verás que la solución a usar los logros y la productividad para alimentar tu valía personal es descansar, hacer reposo y pasarlo bien. Yo no tengo nada más que añadir, pero como sé que estas instrucciones son para

---

* Malcolm Forbes, el creador de la revista *Forbes*, fue el autor de la frase original, «*He who dies with the most toys wins*» («El que muera con más juguetes gana»). Con el tiempo, la frase se convirtió en una crítica al capitalismo salvaje y en la actualidad se adapta a todo tipo de mensajes. (*N. de la T.*)

morirse de risa para alguien como tú, me gustaría que me escucharas un minuto, porque creo que sé por qué te niegas a levantar el pie del acelerador y a dejar de ser una esclava de todo lo que haces.

Afloja el ritmo, descansa y revisa

Al igual que ocurre con los demás hábitos, utilizas tu vena hiperproductiva para evitar fijarte en toda la porquería que hay en tu vida y a la que deberías prestarle más atención. Por ejemplo, puede que tu matrimonio esté pasando por una crisis. En lugar de sentarte y hablarlo con tu pareja, o acudir a un terapeuta sola o los dos, o separarte sin más, haces más y más y más cosas. Te distraes, inviertes toda tu energía en una lista de cosas pendientes y te sientes mejor contigo misma, aunque sabes que será algo pasajero.

Por desgracia, todas esas cosas con las que no estás lidiando siguen ahí, esperándote, y cuanto más tiempo tardes en hacer algo, peor será.

Hacer reposo, aminorar la marcha y descansar te ayudará a pensar en qué es lo que no funciona bien en tu vida y a sentir todas esas emociones que permanecen aparcadas. Una hiperproductiva clásica lo evitará como si le fuera la vida en ello.

Muchas mujeres de este tipo se ponen de los nervios cuando no hay movimiento a su alrededor; para ellas, descansar equivale a morir. Si eres de esas, deberías echar un vistazo y ver lo que hay al otro lado. No es cuestión de pasarse una hora meditando o cogerse todo un día libre. Solo te pido que te preguntes qué es lo que intentas evitar no parando quieta ni un minuto. En apariencia, podrías decir que no quieres

descuidar la lista de cosas pendientes, pero a mí no me enga-
ñas. ¿Qué es lo que intentas evitar? Si te sientes con ganas,
coge tu diario, siéntate, medita la pregunta y responde con
tranquilidad.

Acepta el fracaso

«Cada vez que una hiperproductiva fracasa, muere un gatito.»
Puede que tengas esta frase colgada encima de la chime-
nea o en el despacho. Todas las hiperproductivas se toman la
derrota como una representación personal de sí mismas. Fracasar equivale a «soy un fracaso».

Quiero decir algo y que todo el mundo lo entienda de una
vez por todas: yo solo quiero que sigas triunfando en todas
esas cosas en las que eres tan buena, ¡porque eres muy buena!
Del mismo modo, quiero que sepas y entiendas que el fracaso
forma parte de un proceso más complejo que, con el tiempo,
te hará mejor persona. Ya sé que «fracaso» es una palabra
muy dura, pero eso es porque nuestra cultura le ha dado un
significado equivocado. Sin fracaso, no hay aprendizaje. Sin
fracaso, no hay mejora. Sin fracaso, no hay creatividad ni
cambio. Los líderes más inteligentes, más innovadores y geniales han fracasado alguna vez y les volverá a pasar, sin duda.
Si hace falta, repítete todos los días que si dejas de cometer
errores, dejarás de aprender y de crecer.

Quiero que sepas y entiendas que el fracaso forma parte
de un proceso más complejo que, con el tiempo,
te hará mejor persona.

Cuando falles, el objetivo será fallar bien. Dejar que escueza (porque escocerá, seguro), controlar el discurso interior, aceptar que el fracaso es clave para mejorar y, tan pronto como sea posible, revisar lo que has aprendido de este fracaso. Con suerte, aprenderás a dejar de ver los errores como algo terrible que debe ser evitado a toda costa y, en vez de eso, los aceptarás como parte necesaria para convertirte en la mejor versión de ti misma.

¿Con quién estás compitiendo?

Como persona hiperproductiva, es probable que tarde o temprano acabes compitiendo con otras personas. Algunos nacen así, con una vena competitiva. Aspirar a ser el mejor, derrotar a alguien concreto, ser el número uno dentro de un grupo; todo ello puede acabar empujándote a hacer más de lo que puedes abarcar. Esto es muy habitual entre los comerciales, ya que su trabajo consiste en ser el mejor y ganar más que los demás.

Investiga cuáles son tus límites. Parece lógico, pero ser una hiperproductiva y tener un trabajo que no solo te anima, sino que da por hecho que siempre irás un paso más allá, puede ser como echar gasolina en un incendio. No puedes cambiar lo que todavía no has aceptado, así que debes preguntarte si lo que está pasando con tu trabajo (o en el área de tu vida en la que se produzca la competencia) te preocupa.

Mi amiga Elizabeth ha sido la típica hiperproductiva de manual toda la vida y además tiene una naturaleza competitiva. Siempre le fue muy bien, hasta que un día algo se torció y tuvo que desaprender el hábito:

Cuando abrí los ojos y me di cuenta de que iba por la vida no como un ser humano, sino como un «hacer humano», me pregunté por fin por el significado de mi condición como persona. ¿Hacia dónde iba? ¿Por qué corría? ¿Cuál era el premio? Alerta, *spoiler*: ¡no hay ningún premio!

Me ayuda mucho pensar en esos términos. Soy competitiva por naturaleza (sobre todo conmigo misma), resuelta y muy motivada. Eso no es malo. Pero cuando me detengo, respiro hondo y me recuerdo a mí misma que, aunque lo consiga, no encontraré ningún premio esperándome en la meta; esto me permite ver la falacia del asunto y concentrarme en lo que más me importa: mi bienestar y conectar con la gente a la que más quiero. Lo cual, a su vez, me ha hecho tremendamente feliz.

La cuestión es esta: eres genial. Y lo eres tanto si consigues tus objetivos como si no; eso es lo de menos. Tú, solo tú, sin tus triunfos, eres igual de impresionante. Cuantas más capas seas capaz de retirar, y de ese modo empezar a ser consciente de ello —de que eres perfecta tal como eres—, más segura te sentirás sin entregarte al hábito crónico de la hiperproductividad.

Hazte las siguientes preguntas:

- ¿Te identificas con la definición de hiperproductiva? ¿De dónde crees que te viene? ¿Qué estás dispuesta a hacer para desafiar tus creencias?

- ¿Cómo crees que está afectando este hábito a tu vida?

- ¿Qué intentas evitar cuando te niegas a aminorar la marcha y descansar?

- ¿Cómo te sientes cuando fracasas? ¿Qué necesitas hacer para cambiar tu perspectiva al respecto?

- ¿Te consideras una persona competitiva? Si es así, ¿cómo afecta positiva y negativamente a tu vida?

15

Valores: hoja de ruta

Llegar hasta aquí significa que has conseguido tachar satisfactoriamente unos cuantos puntos de la lista de «cosas que me hacen sentir como si no valiera nada». A estas alturas, supongo que te estarás preguntando: «¿Qué puedo hacer para asegurarme de no volver a caer en los mismos hábitos?». Cuando estamos tan acostumbradas a funcionar en modo automático y hacer cosas como escondernos, perfeccionar, agradar, culpar y controlar, ¿cómo sabemos qué hacer para sentirnos mejor y más orgullosas de nosotras mismas? Has visto un montón de herramientas nuevas, pero no podía acabar el libro sin abordar algo muy importante: conocer y honrar tus valores.

«Valores» no es una palabra que suene demasiado sexy, así que, si alguien se está planteando la posibilidad de pasar al siguiente capítulo, que escuche bien lo que voy a decir: ¡los valores son increíbles! Cuando aprendemos a conocer los nuestros, entendemos por qué es tan importante la forma de vivir la vida. Imagina que los valores son como una brújula o una hoja de ruta. ¡Mejor aún! Como la Osa Mayor. Te gusta saber hacia dónde vas y cuál será tu destino, ¿verdad? Genial, entonces estamos de acuerdo, porque eso es justo lo que averiguarás a través de los valores.

Este capítulo es muy importante, porque te enseñará a conocer cada valor por su nombre y a identificar las elecciones y comportamientos que los honran. También serás capaz de identificar aquellas veces en las que los problemas hacen que te distancies de tus elecciones. Por último, aprenderás a identificar a aquellas personas a las que podrás acudir en busca de ayuda. ¿Por qué? Porque todo este trabajo no sirve para nada si no tienes claro quién eres, qué quieres y qué aspecto tiene en tu vida cotidiana.

Todo este trabajo no sirve para nada si no tienes claro quién eres, qué quieres y qué aspecto tiene en tu vida cotidiana.

Todo el libro ha girado en torno a hábitos como el control, el perfeccionismo, el aislamiento y la búsqueda de la aceptación, ¿verdad? Aquí viene la conexión: cuando practicas todos esos hábitos, NO estás honrando tus valores. Es así de sencillo. Estoy segura de que nadie tiene un valor que consista en matarse en nombre de la perfección, o en decir que sí a todo tipo de tonterías que no quiere hacer. Es importante que no te pases la vida culpando a todo el mundo, incluida tu propia madre, en lugar de asumir la parte de responsabilidad que te corresponde. Los valores son lo que hace que te sientas bien contigo misma.

Pero ¿y si no sabes cuáles son? Tranquila, para eso estamos aquí.

Encuentra tus valores

La gente que no tiene ni idea de cuáles son sus valores suele hacerse esta pregunta: «¿Qué demonios me pasa?». Y esta es la respuesta: no te pasa nada. Sencillamente, no sabes cuáles son tus valores.

A lo largo de los años, mientras trabajaba los valores con mis clientas, he ido descubriendo algunos puntos en común. Puede ser bastante complicado redactar una lista completa, sobre todo si esta es la primera vez que alguien te habla de su importancia. Voy a dar unos cuantos ejemplos de valores comunes, pero primero quiero que recapacites un poco, porque eso te ayudará a aclarar tus ideas.

Hazte estas dos preguntas cruciales y escribe las respuestas en el diario si te apetece:

- ¿Qué es importante para ti?
- ¿Qué es importante en tu forma de vivir la vida?

Por ejemplo, si para ti es importante conectar con otras personas a un nivel más profundo y constante (aunque a veces te sientas incómoda), está claro que valoras la conexión. Quizá otra persona realice algún ejercicio de tipo más espiritual o religioso, aunque no sea de manera constante. Si es así, es probable que tenga un valor de fe o espiritualidad. ¿Te parece importante conocerte mejor a un nivel más profundo y trabajar para ser una persona mejor? Ahí está: el valor del crecimiento personal.

Otra forma de precisar la lista de valores es mediante un ejercicio que se conoce con el nombre de «experiencia cumbre». Piensa en algún momento de tu vida en el que te sintieras segura de tus decisiones y orgullosa de ti misma, aunque fuera durante un período corto de tiempo. ¿Qué hacías? ¿Qué había detrás de esas decisiones y comportamientos? ¿Qué parte de ti aprovechaste más durante aquella experiencia?

Este es otro ejemplo. Quizá hace unos años hacías ejercicio de forma regular; corrías montaña arriba, comías alimentos sanos y, como resultado, te sentías físicamente bien. Los valores que podemos extraer de aquí son salud física y respeto por el cuerpo. Podemos explorar nuestra experiencia cumbre y buscar otros valores no tan evidentes que se nos hayan pasado por alto. Un valor oculto podría ser la naturaleza. Quizá donde mejor te sientes es al aire libre, o puede que la soledad de la montaña sea buena para tu alma. No me refiero a una soledad de ermitaño, sino a disfrutar de la tranquilidad para refrescar el espíritu y sentirte viva.

Esto es importante: puedes tener un valor y no estar honrándolo en la actualidad. Quizá sea importante, pero hasta ahora no has tenido las herramientas, el valor o la conciencia necesarias. A estos los llamaremos «aspirantes a valores». Aquí lo importante es vigilar a la voz crítica, que tiene tendencia a meterse en todo y hacer comentarios a diestro y siniestro. Puede que todos tus valores sean de este tipo, ¡y está bien! Casi siempre guardas la espiritualidad bajo llave, pero te faltan el coraje y la conexión. El objetivo principal de este capítulo es averiguar cuáles son tus valores para empezar a practicarlos cuanto antes.

Cavar

Esta lista de los valores más comunes te será muy útil durante el viaje:

Valor	Crecimiento personal
Equilibrio	Autenticidad
Creatividad	Diversión/humor
Fe/espiritualidad	Confianza
Dar/devolver un servicio	Libertad
Integridad/sinceridad	Intuición
Salud física	Aventura
Seguridad	Justicia

Puedes coger esta lista y trabajar a partir de ella. Contiene los valores más habituales.

Nota rápida: intenta evitar actividades y objetos reales. Si alguien ha apuntado en su lista «novelas clásicas» y cree que ese es uno de sus valores, que piense en la sensación que le produce leerlas. Quizá lo que busque es la creatividad, o la sensación de paz y soledad que experimenta mientras lee. En este ejercicio, lo importante no es la cosa, sino la sensación que produce.

No olvides que los valores pueden cambiar de un área determinada de tu vida a otra. Por ejemplo, los valores más importantes de mi vida son la valentía, la intuición y la integridad. Sin embargo, cuando se trata de mi trabajo, son el liderazgo, el impacto y el servicio. Si haces bien el ejercicio, obtendrás una lista para la maternidad, otra para el trabajo y otra para la pareja. No te agobies; si prefieres que sea algo general, ¡por mí perfecto! No hace falta que estés pensando a todas horas en la parte específica de la vida en la que estamos trabajando. Esto no es más que una forma de hacer inventario de cómo percibes tu vida y revisar las áreas en las que necesitas trabajar.

Las cosas claras

Como sé que muchas de mis lectoras tienen problemas con el perfeccionismo y con las opiniones ajenas, este último ejercicio te ayudará a averiguar si tus valores son realmente tuyos. Si no lo son, quizá los hayas elegido porque crees que deberías ser de cierta manera.

Algo fundamental es que solo te pertenecen a ti. No están abiertos a debate, a votación o a ser el blanco de las burlas de nadie. Jamás. Cuidado con pensar cosas tipo «Ser de ayuda a los demás debería importarme más. Voy a ponerlo» cuando, en realidad, no te llama demasiado la atención. No pasa nada. No hagas una lista como si fuese un currículum de todas las virtudes más honorables. No hay nadie mirando por encima del hombro ni criticándote.

Los valores cambian con el tiempo, evolucionan igual que lo hace la vida, así que no debes cerrarte a nada. Que algo no te parezca importante ahora no significa que no lo vaya a ser en el futuro.

DEFINIR LOS VALORES EN LA VIDA REAL

Del mismo modo que ponemos un nombre a los bebés, poner nombre a nuestros valores es solo parte de la solución. En este apartado aprenderemos a hacer el trabajo de verdad: criar y cuidar a nuestros hijos (y nuestros valores). Profundicemos en la identificación de los comportamientos que se identifican con los valores (y, por favor, por el amor de la autoayuda, no te saltes esta parte). No basta con poner nombre a cada uno de nuestros valores; si sabemos qué aspecto tienen en la vida real, podremos ver los resultados que tanto buscamos y que nos mostrarán el camino hacia la felicidad.

- **Haz una lista con un par o tres de tus valores principales.** Son los que te guiarán cuando más lo necesites. Cuando te enfrentes a una situación difícil o cuando el suelo se abra bajo tus pies, necesitarás confiar en lo que llevas dentro. Esos son tus valores. Hay algunos ejemplos más adelante, así que no te pongas nerviosa si no eres capaz de reducir la lista.
- **Haz otra lista con los comportamientos que honran a esos dos o tres valores principales.** Imagínatelos como bloques de construcción que forman el camino por el que avanzan los valores.

Empecemos por el primer ejemplo: la valentía. (Algunos comportamientos son parecidos entre un valor y otro.)

Voy a empezar con este porque estoy segura al 99 por ciento de que, si estás leyendo este libro, es porque eres valiente. Maya Angelou dijo: «La valentía es la más importante de las virtudes porque, sin ella, no se puede practicar ninguna otra con constancia». Como vengo repitiendo *ad nauseam* desde el principio del libro, es más fácil aislarse, insensibilizarse y agradar a todo el mundo. El coraje, en cambio, requiere una práctica mucho más dura, pero es el camino por el que has decidido transitar.

Vamos allá:

Valor: valentía

¿En qué consiste la valentía según tú opinión?
- Establecer límites (por ejemplo, tener conversaciones difíciles).
- Pedir ayuda cuando la necesitas.
- Compartir tu historia con un ser querido.
- Aceptar la vulnerabilidad aunque te dé miedo.

Valor: espiritualidad/fe

¿En qué consiste la espiritualidad y/o la fe para ti?
- Comunicarte con un poder superior de forma regular.
- Practicar la gratitud.
- Practicar la concienciación o *mindfulness* (por ejemplo, escuchando a tu intuición).
- Meditar.
- Ir a la iglesia.

Valor: autenticidad

¿En qué consiste la autenticidad en tu opinión?
- Decir tu verdad (por ejemplo, no dejarte pisotear).
- Saber cuándo estás persiguiendo la perfección o tratando de agradar a todo el mundo y sustituirlo por honrarte a ti misma.

- Responsabilizarte de tus propios errores y lidiar con las posibles consecuencias.
- Mostrarte como la persona imperfecta que eres.

Puedes usar la lista y los ejemplos que acabo de dar o escribir otros con tus propias palabras. También puede ser muy útil usar situaciones concretas de tu vida en las que hayas honrado cada uno de los valores, o al revés, situaciones en las que hayas decidido no honrarlos. Esto te ayudará a ver dónde puedes mejorar.

De vez en cuando (bueno, mejor muy a menudo) honrar tus valores es la opción incómoda. Estamos acostumbradas a hacerlo todo desde el miedo: miedo a no gustar, miedo a que algo vaya mal, a no ser capaces de esquivar las balas. Lo que quiero para cada una de nosotras es que estemos orgullosas de la persona que vemos reflejada en el espejo; que, después de optar por la opción incómoda y honrar la persona que siempre has sido, te sientas bien con tu decisión.

Este es el ejemplo de Amanda, una de mis clientas. No le gustaba cómo funcionaban las cosas en la empresa en la que trabajaba. No era solo un problema de mala gestión de la directiva; se producían injusticias y Amanda (y sus compañeros) se sentía manipulada. Intentó aceptarlo, pero a medida que iban pasando los meses estaba cada vez más cabreada, hasta el punto de que había empezado a hablar mal del trabajo con sus amigos. En resumidas cuentas, se sentía fatal porque sus valores estaban siendo pisoteados. Con el paso del tiempo, se dio cuenta de que tenía tres opciones:

1. No hacer nada y dejar que las cosas siguieran como hasta entonces, y probablemente empeoraran. Amanda seguiría estando enfadada en el trabajo.
2. No hacer nada, no decir nada, y dejar el trabajo. Romper por lo sano.
3. Quejarse de lo que estaba pasando, pedir cambios y, solo si no se los concedían, plantearse dejar la empresa.

Se lo pensó durante semanas. Al final, se decantó por la tercera opción. Antes de reunirse con sus jefes, decidió qué quería decir, de qué quería quejarse y qué era lo que pedía. Concertó una reunión y dijo todo lo que quería decir con una valentía encomiable. ¿Tuvo miedo? Sí, mucho. Al acabar, ¿se sintió orgullosa de sí misma? También. Intentaron llegar a un acuerdo, pero para Amanda no era suficiente, así que tomó la decisión de marcharse.

Quiero que quede bien claro que no estoy animando a nadie a que hable con sus jefes y les haga todo tipo de demandas en nombre de la autenticidad, o que deje el trabajo en nombre de la valentía. No se trata de que todo nos importe un bledo. Amanda dedicó mucho tiempo a decidir cómo quería transmitir lo que le preocupaba con respeto, sinceridad y tacto, además de que su intención era defender lo que creía justo desde la integridad. Su éxito no dependía del resultado de la conversación. Los valores no se honran así. No se trata de ganar ni de machacar al contrincante, sino de saber qué es importante para cada una, por qué y qué significa actuar a partir de unos valores. Todo para que te sientas bien contigo misma y orgullosa de tu comportamiento.

No se trata de ganar ni de machacar al contrincante, sino de saber qué es importante para cada una, por qué y qué significa actuar a partir de unos valores. Todo para que te sientas bien contigo misma y orgullosa de tu comportamiento.

EN BUSCA DE SEÑALES DE ALARMA

Llegadas a este punto seguro que ya ha quedado en evidencia que, con algunos comportamientos y hábitos concretos, se activa una señal de alarma que indica que no estás alineada con tus valores. En otras palabras, debes ser consciente cada vez que tomas una decisión y notas que algo no va bien. Casi siempre, lo que activa esa alarma es el miedo.

Dos ejemplos: dices que sí a cosas que no quieres hacer; puede que te hayas alejado de los valores del coraje y la autenticidad. O te dedicas a cotillear sobre alguien a quien conoces; esta vez son los valores de la integridad y la bondad.

Ahora un ejemplo más personal de cuando yo misma hice este ejercicio. Preparé una lista con mis señales de alarma y me di cuenta de que saltaban cuando me sentía atacada, resentida o presentaba comportamientos pasivo-agresivos. Ahora, cuando hago esto mismo, sé que no estoy en el valor que se corresponde con la valentía. Significa que no voy a mantener una conversación con alguien con quien debería hablar o que no me voy a responsabilizar por algo que va contra mi valor de la autenticidad.

¿Cuáles son tus señales de alarma? ¿Qué estás haciendo,

sintiendo o pensando cuando te das cuenta de que te has apartado de tus valores?

Necesitas un mantra y un manifiesto

La última herramienta consiste en inventarse un mantra y un manifiesto que te ayude a recordar tus valores. Ya sabemos lo que es un mantra, y un manifiesto es una declaración verbal e impresa de las intenciones, los motivos o las visiones de aquel que lo realiza. En otras palabras, en un manifiesto se afirma lo que es importante para el autor (lo ideal es dejar caer el micrófono al suelo al acabar, al estilo Obama, siempre que la situación lo permita). Ahora en serio, un manifiesto es un escrito en el que declaras tus intenciones, expones en qué crees y expresas tu visión del mundo.

Puedes usar el mantra o el manifiesto como algo que te dices a ti misma cuando las cosas se complican. Puedes repetirlo mientras haces ejercicio, yoga o pasas la aspiradora. ¡Da igual! Tengo algunas clientas que les han añadido movimientos, como si fuese un saludo al sol. Lo importante es que tanto los mantras como los manifiestos son perfectos para cuando nos encontremos en una situación donde debemos elegir, por ejemplo, entre uno de los comportamientos que mejor conocemos, el de esconderse, o los comportamientos relacionados con los valores.

Algunos ejemplos de mantras:

- Me levanto en la valentía; me levanto en la fe.
- Yo soy amor; yo soy sabiduría.

- Coraje, fe, amor. (Este podría ser enumerar tus valores y repetirlos.)
- Mi cuerpo y mi mente saben lo que es importante para mí.

En realidad, no hay una sola forma de hacerlo bien o mal. Yo lo único que intento es que te sientas bien, inspirarte y aclarar cuáles son tus valores.

En cuanto al manifiesto, una forma sencilla de redactarlo es completando las siguientes frases:

Creo en...
En lo más profundo de mi corazón...
Me apasiona...
Si de algo estoy segura...
Estoy a favor de...
Amo...
Estoy en la Tierra para...
Me quiero...

Estoy convencida de que, si haces estos ejercicios y eres capaz de reconocer no solo tus valores, sino también lo que significan para ti, habrás dado los primeros pasos hacia una vida mucho más rica y plena. Los valores son uno de los muchos antídotos perfectos para cuando nos sentimos mal. En cuanto los conoces, sabes que te allanarán el camino.

Hazte las siguientes preguntas:

- ¿Cuáles son tus valores?

- ¿Qué aspecto tienen en la vida real? ¿Cuáles son los comportamientos diarios que forman el camino?

- ¿Recuerdas alguna ocasión en que no honraras tus valores? ¿Cómo te sentiste? ¿Qué podrías haber hecho de otra forma?

- ¿Cuáles son algunas de las señales de alarma que indican que te estás alejando de tus valores?

16

Lo que sé de la vida

Cuando estaba acabando de escribir este libro, volví a casa, en San Diego, para ver a unos amigos y aproveché para quedar con mi padre. Salimos a comer; fue una visita agradable y todo parecía normal.

Tres meses después, mi madrastra me avisó de que mi padre estaba en el hospital con una anemia severa, que le estaban practicando transfusiones de sangre y que los doctores le estaban haciendo pruebas. Al poco tiempo, nos confirmaron que padecía un tipo de leucemia muy poco común y que solo le quedaban unos meses de vida. Mientras intentaba hacerme a la idea de que mi padre sufría una enfermedad terminal, me di cuenta de que nunca había perdido a ningún ser querido y que no estaba preparada para lo que se me venía encima.

Cogí un avión y durante varios días ayudé a cuidar de él. Murió el 26 de octubre de 2016 en un hospital de cuidados paliativos, cerca de la playa, en mi pueblo natal, mientras yo estaba sentada junto a su cama.

Estaba destrozada. Fue uno de esos momentos en los que todo se desmorona a tu alrededor y la única forma de seguir adelante es decidiendo qué haces día a día. Qué ironía, ¿verdad? Allí estaba yo, escribiendo este libro sobre los hábitos que nos hacen sentir como una mierda cuando la vida nos trata mal y, de pronto, se me presenta el mayor reto de todos. ¿Acabaría comiéndome mis palabras?

Podría haber recaído en muchos de los hábitos que he descrito en estas páginas. O haberme pasado días y días machacándome por no haber sido mejor hija o por marcharme del lugar que me vio nacer. También podría haberme aislado sin pedir ayuda a nadie, o haberme dejado caer en brazos del control y del perfeccionismo para tener algo a lo que aferrarme. Podría haberme hecho «la fuerte» y que todo el mundo se desmoronara a mi alrededor mientras yo los observaba con actitud estoica. Podría haber gritado. Podría haber culpado a todo el mundo de la muerte de mi padre.

Mi último recurso, mi favorito, era, cómo no, la insensibilización. Podría haber recaído en la bebida o haberme puesto las deportivas y echado a correr hasta que se me doblaran las piernas. Podría haber ido al centro comercial armada con una tarjeta de crédito. Cualquier cosa con tal de huir del pánico, del dolor insoportable y de la devastación que sentía.

Lo cierto es que hice algunas de esas cosas. Me arrepentí de no haber sido mejor hija. Me aislé durante días y no le dije a nadie lo mal que lo estaba pasando. Me enfadé con gente que no se lo merecía. El mismo día que los médicos nos dijeron por primera vez que la enfermedad de mi padre era terminal, me monté en el coche, al borde de un ataque de nervios, y me fui al centro comercial a comprarme un vestido porque no me cabía en la cabeza que no tuviera el traje perfecto para el funeral de mi padre, y acabé gastándome un montón de dinero en un vestido y unos zapatos que nunca más me volveré a poner. Cuando salí de la tienda, sentí una sensación de alivio increíble que me duró solo cinco minutos.

Pero todo aquello era normal.

El dolor saca la parte más primaria de nuestra humanidad. Todas nuestras emociones nos conectan. La alegría que sentimos, el amor que nos profesamos los unos a los otros, la agonía que nos asola cuando perdemos a alguien. Todos conocemos esos sentimientos. Todos los tenemos. Somos seres torpes avanzando a trompicones, recayendo en hábitos y comportamientos que nos hacen sentir mal y todo porque estamos asustados y hacemos lo que podemos, día tras día.

Es normal derrumbarse de vez en cuando. Pero hay que saber dónde estás, qué es importante para ti y tomar decisiones conscientes. Debes confiar en ti misma lo suficiente como para saber que, aunque recaigas de nuevo en las viejas costumbres, solo será algo pasajero y reaparecerás ilesa al otro lado del fuego. Tratémonos con elegancia y ternura y hagámoslo lo mejor que sepamos. Porque es lo único que podemos hacer.

Ahora tienes un montón de herramientas a tu disposición y, con un poco de suerte, suficiente conciencia de ti misma como para saber que puedes superar los buenos tiempos, y también los malos.

Nunca había perdido a un ser querido de aquella manera y, enfrentada a la mortalidad de mi padre por primera vez, desarrollé una nueva perspectiva sobre lo que sé de la vida.

Creo que hemos venido al mundo a aprender, a servir y amar al prójimo y a nosotros mismos. Todos somos responsables de esas tres cosas. Las tres son igual de difíciles de lograr. Pero cuando nos comprometemos, aprender, servir y amar pueden ser las tres cosas más bonitas que jamás haremos en la vida.

Creo que la felicidad se mide a partir de las relaciones que nos unen a nuestros seres queridos.

Creo que todos intentamos encontrarnos a nosotros mismos y los unos a los otros para poder hacer juntos el camino de vuelta.

También creo que, si camináramos hacia el dolor y la alegría, en lugar de alejarnos, y si habláramos abiertamente del dolor y de la felicidad, las heridas sanarían y estaríamos más conectados entre nosotros.

Y creo que en esta vida todos vamos camino de casa cogidos de la mano.

Agradecimientos

En primer lugar, me gustaría dar las gracias a todas las mujeres que forman parte de la comunidad Your Kick-Ass Life, a mis clientas y a las que participan en los programas de grupo. Vuestras historias y la sinceridad y disposición que demostráis día a día son una inspiración constante. Este libro solo es posible porque vosotras decidisteis compartir vuestras vidas.

Siento una inmensa gratitud hacia todos aquellos amigos que me han ayudado a lo largo del camino. Amy (Goulet) Smith, Kate Anthony, Kate Swaboda y Courtney Webster. Lisa Grossman, no te imaginas cuánto me has ayudado con este libro. Y Carrie Klassen, nuestra amistad, aunque basada en circunstancias cercanas al dolor, lo significa todo para mí. Gracias.

También quiero dar las gracias a mi agente, Steve Harris, que siguió llamándome para preguntar por «ese segundo libro» y que prendió la mecha justo debajo de mi trasero. Gracias por reírte cuando te dije cómo quería que se titulara este libro y por decir que sí. Al equipo de Seal Press, en especial a Laura Mazer, cuyo talento, paciencia y palabras de aliento me han sido de gran ayuda.

A Jason, Colton y Sydney. Gracias por la alegría que me regaláis a diario. Siempre sois la parte favorita de mis días.

Y a mi padre. Gracias por quererme, por creer en mí y por dejar que te cogiera de la mano.

Descubre tu próxima lectura

Si quieres formar parte de nuestra comunidad,
regístrate en **www.megustaleer.club**
y recibirás recomendaciones personalizadas

Penguin
Random House
Grupo Editorial

 megustaleer